Галина Лихачёва

Безопасность личности в глобальном мире

Галина Лихачёва

Безопасность личности в глобальном мире

Технологии информационного оружия и методы защиты от него

LAP LAMBERT Academic Publishing

Impressum / Выходные данные

Bibliografische Information der Deutschen Nationalbibliothek: Die Deutsche Nationalbibliothek verzeichnet diese Publikation in der Deutschen Nationalbibliografie; detaillierte bibliografische Daten sind im Internet über http://dnb.d-nb.de abrufbar.

Alle in diesem Buch genannten Marken und Produktnamen unterliegen warenzeichen-, marken- oder patentrechtlichem Schutz bzw. sind Warenzeichen oder eingetragene Warenzeichen der jeweiligen Inhaber. Die Wiedergabe von Marken, Produktnamen, Gebrauchsnamen, Handelsnamen, Warenbezeichnungen u.s.w. in diesem Werk berechtigt auch ohne besondere Kennzeichnung nicht zu der Annahme, dass solche Namen im Sinne der Warenzeichen- und Markenschutzgesetzgebung als frei zu betrachten wären und daher von jedermann benutzt werden dürften.

Библиографическая информация, изданная Немецкой Национальной Библиотекой. Немецкая Национальная Библиотека включает данную публикацию в Немецкий Книжный Каталог; с подробными библиографическими данными можно ознакомиться в Интернете по адресу http://dnb.d-nb.de.

Любые названия марок и брендов, упомянутые в этой книге, принадлежат торговой марке, бренду или запатентованы и являются брендами соответствующих правообладателей. Использование названий брендов, названий товаров, торговых марок, описаний товаров, общих имён, и т.д. даже без точного упоминания в этой работе не является основанием того, что данные названия можно считать незарегистрированными под каким-либо брендом и не защищены законом о брендах и их можно использовать всем без ограничений.

Coverbild / Изображение на обложке предоставлено: www.ingimage.com

Verlag / Издатель:
LAP LAMBERT Academic Publishing
ist ein Imprint der / является торговой маркой
OmniScriptum GmbH & Co. KG
Heinrich-Böcking-Str. 6-8, 66121 Saarbrücken, Deutschland / Германия
Email / электронная почта: info@lap-publishing.com

Herstellung: siehe letzte Seite /
Напечатано: см. последнюю страницу
ISBN: 978-3-659-66573-8

Copyright / АВТОРСКОЕ ПРАВО © 2014 OmniScriptum GmbH & Co. KG
Alle Rechte vorbehalten. / Все права защищены. Saarbrücken 2014

Лихачёва Г.Н.

Безопасность личности в глобальном мире

Оглавление

1. Информационное общество и глобализация

К истокам возникновения термина «информационное общество» можно отнести программу США создания Национальной сети для исследования и образования в 1991 г. NREN (National Research and Education Network), которая должна была облегчить разработку национальной информационной инфраструктуры.

Европейское сообщество в декабре 1993 г. в ответ разработало ряд проектов по созданию информационного общества в Европе (IS – Information Society) . Глобализация – это политическая и экономическая операция западных стран, направленная на утверждение своего господства в мире. В декабре 1994 г. было создано Бюро по проектам информационного общества (ISPO – Information Society Project Office). К осени 1998 г. ISPO рассматривало уже более 2000 проектов по созданию информационного общества. Создан Центр активности в сфере информационного общества ISAC (Information Society Activity Centre). Его задача – выработать систему критериев близости страны к информационному обществу. Один из критериев – тройка (t, i, m), где t – число обычных телефонных линий на 100 человек населения, i – число линий ISDN (Integrated Service Digital Network), m – число мобильных (сотовых) линий.

К 1998 г. во «всемирной паутине» имелось более 100 узлов (Web site), обслуживающих ISPO для глобального движения к информационному обществу. Большинство узлов расположено в США, Англии, Франции, Германии, Италии, Канаде, Японии, то есть странах Большой семерки (G7). Остальные страны Земли в этот проект не допускались. Реализация проектов информатизации общества осуществляется на уровне правительств. Ставилась цель обеспечить решение проблем экономической и социальной направленности, которые должны обеспечить повышение уровня жизни значительных слоев населения стран ISPO.

России удалось присоединиться к Семерке стран, так как она имела общий сервер с Берлином. Так появилась Восьмерка стран – G8. В России на узле «Информационная магистраль Бонн-Москва», обслуживающем азиатские государства, представлено СНГ. Это показывает как велико влияние интернета, информационных технологий и систем на политическое устройство мира.

В декабре 1998 г. в России была принята концепция информатизации нашего общества. В следующем году был разработан проект государственной информационной политики информатизации. В 2001 г. приняты Федеральная целевая программа «Электронная Россия» на 2002-2010 годы и «Развитие единой образовательной информационной среды на 2001-2005 годы». Наша страна должна была вступить в эпоху информатизации, но всерьез об этом заговорили только в 2010 году.

Информатизация общества порождает глобализацию. Финансовые рынки навязывают свои законы и правила всему миру. Отмена торговых границ, развитие телекоммуникационных средств, могущество финансовых рынков, международные соглашения о свободе торговли – все это вносит свою лепту в разрушение национальных государств.

В последние десятилетия произошло массовое распространение знаний через Интернет, что превратило знание в товар. Этому способствовали сетевые технологии, мультимедиа, гипертекст, электронный бизнес, электронная торговля. Достижения в базовых компьютерных и сетевых технологиях сделали более доступным и менее дорогим электронное обучение и управление знаниями.

Произошла третья информационная революция, когда посредством информационных технологий формируются знания, которые преобразуются в новые экономические и социальные блага. Тем самым информационные технологии и системы ускоренными темпами формируют новую материальную основу общества – экономику, построенную на знании. Экономика знаний включает в себя промышленную экономику, новый вид товаров и услуг, обеспечиваемых информационными технологиями

Глобализация определяется как процесс лавинообразного формирования единого общемирового финансово-информационного пространства на базе новых информационных технологий, определяющих международные отношения. Неотъемлемой чертой глобализации является взрывообразный характер передвижения всех видов потоков: капитала, людей, технологий, услуг, информации и идей.

Глобализация приводит к стиранию национальных границ. В силу этого основные линии раздела мировой политики определяются по принципу цивилизаций: восточная, исламская, славяно–православная, западная, латиноамериканская и африканская. В мире происходит «столкновение цивилизаций», поскольку глобализация имеет три формы.

Первая — экономическая, которая является результатом революции в технологиях, информации, торговле, инвестициях и международном бизнесе. Специализация и интеграция компаний дала возможность увеличивать совокупное богатство меньшинства, что не обеспечивало социальную справедливость.

Вторая — культурная глобализация, которая вырастает из технологической революции и экономической глобализации, стимулирующих передвижение культурных товаров. В культурной глобализации происходит столкновение между униформизацией (американизацией) и движением за культурное разнообразие (против единообразия), выражающееся в возрождении местных обычаев, языков и иных национальных атрибутов. Сохранение культуры – условие выживания любой нации.

Третья – политическая глобализация, как результирующая от первых двух типов. Она приводит к уничтожению политической самостоятельности стран, так как в силу экономической экспансии происходит приспособление законов страны к интересам международного капитала. Она характеризуется доминированием США и их политических институтов, широким спектром международных и региональных организаций, а также сетью неправительственных структур.

Процессы глобализации стимулируются бурным развитием так называемой «новой экономики» («new economy»), основанной на достижениях

4

информационно-технологической революции. Предоставив уникальные возможности в области передвижения капитала, товаров и услуг, информационные технологии стали основой формирования так называемой новой экономики (инфономики, киберэкономики, экономики знаний, экономики, основанной на знании, глобальной сетевой экономики, компьютерной экономики).

Экономика знаний определяется как среда, в которой компания или индивид, находящиеся в любой точке экономической системы, может с меньшими затратами контактировать с любой другой компанией или индивидом для совместной работы, осуществления торговли или обмена идеями.

Разворачивающийся прогресс в формировании и расширении масштабов сетевой экономики обусловлен, во-первых, быстрым распространением информационных технологий, а также постоянным снижением цен на их приобретение и использование, что повышает их доступность. Во-вторых, наблюдается значительное перемещение различных видов социально-экономической деятельности в электронную среду. При этом каждый может успешно конкурировать даже с общепризнанными гигантами, поскольку компьютерная экономика предоставляет уникальные возможности противостоять монополиям и большим фирмам. Развиваются электронная торговля, электронные финансы, электронная коммерция, электронные услуги.

Обновляется понятие обмена. Если Вы купили какой-либо товар, то вы отдали его стоимость, выраженную деньгами, услугой, другим товаром, активами. Если вы обмениваетесь с кем-то идеей, то Вы приобретаете вторую идею, не теряя первой. Следовательно, старые экономические модели не годятся для управления экономикой знаний.

Возникают новые проблемы, например, регулирование прав интеллектуальной собственности. Одни специалисты считают, что нужно установить законодательно плату за использование интеллектуальной собственности. Тогда нужно согласовывать законодательства разных стран и разрабатывать механизмы отслеживания копирования и распространения этой собственности. Но введение прав собственности и механизма контроля может сдерживать прогресс в этой сфере. Другие специалисты считают, что не надо вводить права собственности, особенно на программные продукты. Заметим, что во многих странах, в том числе и России, отсутствуют законодательства, регулирующие права интеллектуальной собственности.

В мире существует две школы мышления развития прогресса:
• Нужны авангардные предприятия start-up, которым выделяются деньги на реализацию «безумных» идей.
• Уповать на стихию рынка.

В США и многих странах Европы побеждает первая школа. Деньги start-up предприятиям выделяет государство. Бизнес не торопится вкладывать деньги, так как ему требуется немедленная отдача. Реализация «безумных» идей, как правило, возвращает с лихвой затраченные деньги, но иногда в отдалённом будущем. Речь идёт о высоких технологиях – hay tec. Заметим, что до перестройки в нашей стране также существовали планово убыточные предприятия подобного профиля. Для поднятия страны до мирового уровня требуется победа первой школы, то есть увеличение инвестиций в образование, фундаментальную науку, культуру, которая создаёт почву для развития талантов.

Информационные технологии позволили некоторым странам специализироваться на экспорте образования. Страны, где получение образования стоит дешевле, привлекают многих студентов из разных стран. При этом профессора и студенты имеют доступ к европейским и американским достижениям, что позволяет обеспечить высокий уровень образования. Такую политику проводят многие страны, так как она приносит большой доход.

Распространение знаний означает, что если мы продаем научное знание или технологические идеи, то у нас ничего не убывает, а возрастает, потому что в процессе производства увеличивается интеллектуальный потенциал, и экономическая ситуация в стране только улучшается. К сожалению, в настоящее время отсутствует понимание, что Россия обладает еще не потерянными колоссальными возможностями экспорта образования.

Многие считают, что нужно сократить расходы на фундаментальную науку. Объясняется это непониманием, что фундаментальная наука обеспечивает решение сложных проблем, с которыми сталкивается человечество, например СПИД. Многие достижения фундаментальной науки изменяют мир. Цепочка: фундаментальная наука – прикладная наука – технология – производство меняют картину мира для политических деятелей, то есть фундаментальная наука имеет выход на политический рынок. Если раньше между великими державами шла борьба за рынки сырья и рынки сбыта, то сейчас – за рынки высокотехнологичной продукции, так как стратегическим ресурсом стали информация, знание, творчество.

Острота рынка энергетического сырья снижается, так как развиваются мощности атомных электростанций. Успех на этих рынках невозможен без государственной поддержки. Наше отставание на рынке высокотехнологичной продукции связано с практическим отсутствием государственной поддержки высокотехнологичных производств. Однако, несмотря на то, что государственное финансирования хватает только на оплату коммунальных услуг академических институтов, наша наука оказалась по многим направлениям конкурентно способной, о чем свидетельствует пятое место индекса цитируемости работ наших ученых.

Если Россия не сможет поднять эти сферы на мировой уровень, то в экономике, построенной на знании, места нам не будет. Объясняется это тем, что научные знания, создаваемые информационными технологиями, составляют до 90% стоимости любого изделия. Тиражирование по интернету позволяет протолкнуть изделие по всему земному шару. А чей продукт продается, тот и живет. Если уповать на стихию рынка, то скоро будет не на что покупать чужой продукт, а свой произвести – знаний, денег не хватит.

Использование интернет-технологий расширяет возможности координации предпринимательской деятельности, позволяя при минимальных финансовых затратах и отсутствии инфраструктурных барьеров глобально увеличить сеть сбыта продукции.

Сегодня компании могут проводить видеоконференции и виртуальные презентации, обеспечивающие наибольший охват аудитории; создавать на web-сайтах свои «витрины», где потенциальные покупатели могут не только получить полную информацию о компании, предоставляемых ею услугах и продукции, но и высказать по этому поводу свое мнение. Это, в свою очередь, позволяет компаниям налаживать обратную связь с клиентами, выявлять наиболее популярные услуги и товары и в соответствии с этим координировать свою деятельность.

Приемлемые затраты на подключение к сети Интернет практически в любой точке планеты уменьшили значение ограничивающих географических факторов совместной предпринимательской деятельности. Наличие же различных электронных платежных систем предоставило возможность выигрывать на времени.

К основным признакам информационного общества относят:
• формирование единого информационного пространства и углубление процессов информационной и экономической интеграции стран и народов;
• становление и доминирование в экономике стран, наиболее широко использующих современные информационные технологии;
• повышение уровня образования за счет расширения возможностей систем информационного обмена на международном, национальном и региональном уровнях и, соответственно, повышение роли квалификации, профессионализма, способностей, творчества.

В информационном обществе обработкой информации занято больше людей, чем обработкой сырья и материалов. Увеличивается роль информации и знаний, выразившаяся в возрастании информационной насыщенности экономической, управленческой и других сфер деятельности, в превращении информации и знаний в стратегический ресурс социально-экономического развития. Это приводит к развитию информационной индустрии. Возникает развитая рыночная инфраструктура потребления информации и информационных услуг в производстве и быту. Происходит замена централизованных иерархических структур гибкими сетевыми типами организации, приспособленными к быстрым изменениям и инновационному развитию.

Общее направление изменений — переход от вертикальных иерархических структур к сетевым формам организации, причем сети стали формообразующей основой. Развитие телекоммуникационной инфраструктуры, и прежде всего Интернета, привело к тому, что все больше транзакций в современной экономике и обществе совершается с использованием компьютерных сетей. Интернет становится глобальной средой общения, труда и отдыха. Именно поэтому многие специалисты говорят об информационном обществе как о сетевом обществе, а современную экономику определяют как сетевую.

Информационное общество отличается от общества, в котором доминируют традиционная промышленность и сфера услуг, тем, что информация, знания, ин-

7

формационные услуги и все отрасли, связанные с их производством, растут более быстрыми темпами, являются источником новых рабочих мест, становятся доминирующими в экономическом развитии. Информационные технологии могут внести ощутимый вклад в такие жизненно важные области, как содействие развитию образования, культуры, борьба с заболеваниями, развитие возможностей деятельности женщин, молодежи, инвалидов, бедных.

Организация Объединенных Наций создала множество международных проектов, связанных с глобализацией, к которым подключились все входящие в нее страны, провела ряд глобальных форумов и конференций. В настоящее время реализуется проект по созданию беспроводного Интернета. Япония, Китай первыми стали разрабатывать гигабитный Интернет в сетях четвертого поколения (4G – гигабайтный GGG) сотовой связи, позволяющий достичь скорости в 1 Гбит/с. Первые коммерческие сети сотовой связи четвертого поколения появились в 2010 г. Многие страны заявили о построении сетей 4G.

В середине 90-х годов пришло понимание, что не существует принципиальной разницы между процессами автоматизации большой корпорации и государства, что можно использовать существующие наработки и методики для повышения эффективности управления государством. К тому же в это время правительства многих стран столкнулись с необходимостью пересмотра классических моделей управления, которые перестали работать в новых условиях. Появилось понятие «электронное правительство». Тогда же сформировались и родственные понятия, такие как «электронная демократия» (e-democracy), «электронное управление» (e-governance) и др.

В настоящее время, когда во многих странах уже функционируют основные составляющие электронного правительства, можно констатировать, что суть электронного правительства — это внедрение корпоративной информационной системы национального масштаба.

Важнейшими задачами электронного правительства являются:
• обеспечение равных прав доступа к глобальным, национальным, местным и локальным информационным ресурсам;
• предоставление необходимой информации и электронных услуг гражданам;
• содействие развитию экономики знаний;
• урегулирование взаимоотношений между основными объектами электронного бизнеса;
• осуществление дистанционных налоговых и контрольных функций;
• оказание дистанционных консультаций;
• обеспечение информационной безопасности и др.
• Основными целями электронного правительства являются:
• достижение максимальной доступности услуг для населения и бизнеса;
• осведомленность, прозрачность и борьба с коррупцией;
• наибольшая эффективность работы государственных органов управления;
• улучшение бизнес-климата для отечественных и иностранных инвестиций.

Электронные правительства создаются в США, Евросоюзе. Создается и восточная модель электронного правительства. С 2009 г. в России также начали создавать электронные услуги населению и электронное правительство.

Развитие электронных услуг и электронного правительства повысили роль рынка информации и рынка образовательных услуг. Создание этих рынков невозможно без практической реализуемости современных научных достижений. Правительства развитых стран вкладывают деньги (инновации) в образование, фундаментальную науку, новейшие технологии, культуру – как среду, развивающую интеллектуальные способности. Поэтому информационное общество начинают называть инновационным обществом. Инновационное общество характеризуется тем, что:

• реализуется большинство научно-практических идей, создаваемых наукой;
• создается рынок интеллектуальной собственности;
• становятся рентабельными инвестиции в инновации.

Логика современного экономического развития требует, чтобы общество двигалось в сторону инновационности, так как успех любой страны зависит от скорости этого движения. Развитые страны включились в соревнование и уже вкладывают большие средства в развитие инновационной экономики.

В России тоже понимают, что будущее за новыми технологиями. Сдерживающим фактором является состояние экономики на данный момент. Только развитие собственной промышленности и высоких технологий позволит нам остаться независимой страной появиться на мировом рынке.

Появление электронных правительств имеет значение не только для повышения эффективности управления. Оно приводит к изменению роли СМИ и особой роли в государстве владельцев производства информационных технологий и компьютерных средств, обеспечивающих циркуляцию жизненно важных потоков информации.

В настоящее время поднят вопрос о создании открытого правительства. Открытое правительство трактуется как альтернатива государственной концепции разработки бюджета, планирования инвестиций, развития законодательства и других механизмов управления государством. Цели создания – прозрачность принятия решений, учет мирового опыта, привлечение граждан к контролю, управлению и администрированию. Инструментами работы открытого правительства являются электронное голосование, электронные опросы и другие электронные инструменты. Оговаривается, что эти электронные инструменты не связаны с реализацией властных полномочий народа. Они используются только для обсуждения.

О чем свидетельствует необходимость открытого правительства? Слабости власти, незнании новых моделей управления, отсутствии настоящего электронного правительства, общей базы данных, неумении с ней работать. К чему это может привести? К проникновению профессионалов спецслужб других стран в органы открытого правительства, забалтыванию проблем вместо принятия решений, снятию ответственности с управляющих структур, открытому (не тайному) управлению страной чужими спецслужбами, потере независимости страны.

2. Информационные войны

Многие понимают, что система ценностей и традиций российского общества отличается от всеобщих ценностей западных стран. Западная либеральная модель, которая противоречит нашим ценностям, неэффективна для России и не способствует ее развитию. Ключ к успеху России – в развитии ее уникальных цивилизационных особенностей и традиций, а не в копировании тех, которые возникают в опыте других цивилизаций. В таких условиях любые меры, направленные на развитие страны, экономического, внешнеполитического, социального характера, не эффективны, они подобны рисункам на прибрежном песке – накатит новая волна (моды, либерального лобби, космополитизма) и все наработки исчезнут. Навязывание либеральных ценностей в ущерб самобытности означает путь в сторону ослабления государства и деградации общества.

Информационные войны создают заготовки, штампы и стереотипы в головах людей, которые мешают ясно видеть реальное положение вещей. С помощью воображения можно добиться того, что не под силу обычной пропаганде. Политики произносят тексты заученных «ролей», обещающих что угодно без каких-либо оснований, без зазрения совести перевирающих историю и, главное, произносящих «ключевые слова», необходимые для производства определенных мыслей. Здесь важнее всего – убедительное лицедейство – ложь.

После обработки сознания людей политическими мифами, картина мира из целостной превращается в фрагментарную, состоящую из мозаики модных картинок и рекламы. Теперь человек опирается не на реальные источники, а на мифы. Они заменяют ему реальность. Мифы создают мозаичное мышление – и главным инструментом в этом являются СМИ. Такая война носит, одновременно, и информационный, и психологический характер. Поэтому сегодня важно понять главное – информационные войны не отражают материальную реальность, а создают на-

Основные черты информационной войны

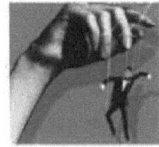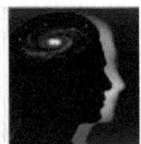

Зависишь от чужого мнения?

Рис.1. Основные черты информационной войны

правленное к определённой цели мышление человека. Мысля в нужном направлении, человек автоматически создаст и нужную реальность. Тем самым политтехнологи создают человека для производства требуемых действий. И при этом по отношению к человеку не применяется никакого насилия. Он всё делает сам. Он сам себя дурачит и превращает в невежду. Ставка делается на то, что обычный человек не будет перепроверять получаемую информацию. Он не будет искать подлинные источники. Идя по наименьшей линии сопротивления, человек проглотит всё, что ему сунут под нос. Спустя некоторое время он будет тупо повторять, как механический попугай: «Сталин – изверг», «мусульмане террористы», «кредит выгоден» и другие. Всё это – ключевые слова, на которые валом нарастает всё новый и новый блеф. Молодые люди погружается в информационный вакуум, в котором плавают эти ключевые слова, внедренные в их сознание политическими мифотворцами.

Очевидно, что с конца 90-х годов страна планомерно ввергалась в состояние ценностной дезориентации. Попытки объяснить этот процесс переходным периодом развития России несостоятельны, так как он явно затянулся и позитивной динамики, по которой можно было бы предположить его окончание, не наблюдается. Напротив, деградация усиливается, причем не только в области морали и ценностных установок, но и в экономической сфере, и в гуманитарной, и в других важнейших областях жизнедеятельности государства и общества. Одна из причин заключается в том, что стране навязаны либеральные парадигмы и конституционно запрещена идеология. «Если вы не знаете, куда вы идете, то туда вас приведет любая дорога» – это высказывание хорошо характеризует состояние российского общества. В отсутствии государственной национально ориентированной идеологии и модели будущего вопрос о том, что будет в конце пути, не ставится.

Подобное воздействие проявилось при организации поэтапного военного вмешательства США в урегулирование конфликта между Саудовской Аравией и Ираком. На первом этапе США, опираясь на глобальную информационную сеть, сумели показать всему миру агрессивность Ирака, грубо попирающего международные соглашения, и тем самым привлечь на свою сторону значительную часть мирового сообщества. На втором этапе мощным информационным воздействием на население через быстро наращиваемую сеть СМИ региона США настроили весь исламский мир против Ирака, создав благоприятную обстановку для военного вторжения.

Дезинформация противника относительно готовности международных сил к вторжению поставила Ирак перед фактом внезапного начала операции, посеяла панику в рядах иракской армии. Да и сама операция началась с третьего этапа информационного воздействия на противника, путём подавления всей информационной сферы Ирака. Высокоточным оружием дальнего действия, мощными радиоэлектронными помехами были подавлены основные каналы сбора, приема и обработки информации противника, его пункты управления войсками и оружием, каналы связи и навигации. И такое состояние информационного обеспечения Ирака продолжалось на протяжении всей операции «Буря в пустыне», приведшей к победе международных сил при исключительно малых потерях своего личного состава.

Такие же информационные формы воздействия были применены в войне с Югославией. Повторив первый и второй этап информационной обработки населения региона, проигнорировав требование России о вынесении вопроса о вооруженном вторжении на уровень ООН, США, договорившись только со своими союзниками по НАТО, приступили к третьей фазе информационного воздействия. Для подавления информационной сферы Югославии США впервые массировано применили ракетное оружие с высокоточным наведением по космическим каналам управления. Были применены и другие технические новинки типа графитовых авиабомб для обесточивания всей инфраструктуры Югославии, разгрома телецентров, радиостанций, информационный «подогрев» национальной вражды между сербами и албанцами и т.д. Из приведённых примеров видно, что глобализация даёт не только плюсы, но и минусы. Главная опасность заключается в том, что усиливающаяся глобализация производства и мобильность всемирных корпораций может неблагоприятным образом повлиять на экологическую политику, а также на труд и социальную защиту — причем во всемирном масштабе. Реальным сигналом тревоги является сокращение производства и рабочих мест в компаниях в наиболее развитых странах. Распространение «экранной» культуры, неизбежность столкновения с виртуальной реальностью, в которой трудно различимы иллюзия и действительность, создают проблемы психологического характера. По мере нарастания объема информации людям становится труднее ориентироваться в ее содержании, ограждать себя от ее избытка. Одновременно появляется понятие информационной бедности. Это понятие отражает рост социальной дифференциации населения по новому принципу — возможности доступа к современным информационным технологиям и информационным ресурсам.

Переплетение современных компьютерных, теле и радио вещательных технологий, глобальных сетей создали инструментарий воздействия на массовое сознание. Усилилось значение социально-психологических и культурно-информационных аспектов глобализации. Современные информационные технологии, все глубже проникая во все сферы общественной жизни, генерируют не только новые возможности в решении различных проблем, но и принципиально новые вызовы и угрозы. Увеличивается разрыв между странами по соблюдению свободы слова, защите интересов этнических меньшинств и подрастающего поколения. Ставится под угрозу сохранение национальных языков и культурного наследия, охрана интеллектуальной собственности. В жизнь вошли такие понятия, как информационная война, информационное оружие.

Информационные войны существовали с тех пор как начались противостояния одних племён против других. Но до появления печатного станка они не носили массового характера и вошли в историю как тайные заговоры. Печатные материалы позволили распространять компрометирующие и ложные материалы. Они давали преимущества тем, кто владел печатным станком. Появление газет позволило распространять информацию сначала внутри страны, а затем и за рубежом. Этим воспользовались правящие элиты капиталистических стран.

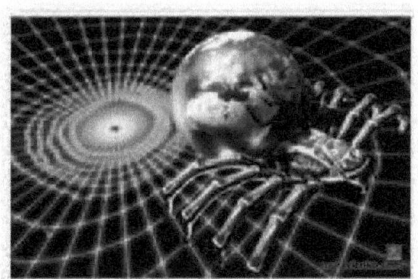

Рис. 2. Паутина информационного оружия

История последних десятилетий показала, что можно разгромить мощное государство, его экономику, его военно-промышленный комплекс, все его важнейшие структуры вообще без применения военной силы. Так был разрушен Советский Союз. Того же самого можно добиться, используя информационное оружие, и с применением военной силы, как например Ирак, Югославия. Те же цели можно достичь и с помощью информационного воздействия, экономической блокады, ликвидации валютной поддержки и т.п., например, Вьетнам, Куба, Иран и десятки стран, на которые США и их союзники оказывают информационное и материальное давление.

Заметим, что «капитализм» – это не экономическая формация в одной стране. Это наднациональная надстройка над всеми капиталистическими странами. Капитализм выживает, если есть возможность экспансии в другие страны. Внутренние ресурсы страны быстро осваиваются и требуются ресурсы других стран. Отсюда бесчисленные войны в Африке, Индии, Америке. Отсюда колонии, доминионы и другие формы порабощения народов. Всё это надо оправдать, а если кто-то сопротивляется – оболгать. Газеты – ближайший инструмент лжи. Именно поэтому управление сначала газетами, а потом и другими видами средств массовой информации, захватили правящие элиты капиталистических стран.

Подготовка к любой войне ведётся сначала информационными методами. Интернет и информационные технологии открывают большие горизонты для оболванивания масс. Информационные войны – глобальные информационные противоборства, которые уже давно не ограничиваются вбрасыванием дезинформации.

Примером информационной войны в демократическом государстве являются выборы, когда кандидаты ведут борьбу за людские и материальные ресурсы страны. Конкурирующая сторона имеет преимущество, если в ее руках сосредоточены СМИ, телевидение. Имидж кандидата определяется не конкретными делами человека, а целенаправленным информационным воздействием СМИ. Снимаются рекламные видеоролики, устраиваются шоу – «паблик рилейшнс» (связи с общественностью), превозносятся моральные устои, привычки, образованность и в то же время замалчиваются или сглаживаются отрицательные черты

13

этого деятеля. В пользу кандидата высказываются авторитетные люди – политики, писатели, артисты. Настойчиво, изо дня в день проводится «промывание мозгов», в сознание людей вдалбливается формируемый СМИ образ «твердой руки», «сумеет постоять» и т.д. Одновременно на противников наклеиваются ярлыки, присваиваются им неблагозвучные клички, ведется критика по всем мыслимым вариантам. А часто льётся ложь. Тем самым всеобщие выборы настроены не на выбор самых достойных, а на выбор самых раскрученных.

Информационная война западного мира объясняется не только борьбой за мировое господство, но и за овладение эволюционным процессом человечества и управление им в своих интересах. До глобализации эволюционное развитие человечества шло стихийно. Появление интернета и новейших информационных технологий и систем создало инструмент превращения стихийного исторического процесса развития человечества из неуправляемого в управляемое и даже проектируемое. Осуществляется переход от эпохи обществ к эпохе сверхобществ. Сверхобщество – человеческое объединение с более высоким уровнем социальной организации. Над государственностью вырастает сверх государственность, над экономикой – сверх экономика (экономика знаний, инновационная экономика), над идеологией – сверх идеология. Эти надстройки создают новый компонент в социальной структуре общества. Он включает в себя предшествующий уровень (государство, право, экономику, идеологию), но трансформирует их применительно к новым условиям и доминирует над ними.

С помощью информационных систем и технологий стало возможным проектировать ход исторического процесса и управлять им, объединяя сообщество людей в глобальное сверхобщество. Глобализация западного мира породила единое целое сверхобщество, которое нацелено на покорение всей планеты. Уже сегодня оно контролирует до 70% мировых ресурсов. Эти ресурсы настолько огромны, что позволяют даже эволюционные процессы осуществлять так, как раньше реализовывались частные проекты вроде строительства аэропортов, каналов, создания электронного правительства и т.д.

Именно поэтому США тратят огромные средства на разработку и приобретение современных информационных технологий. Например, только на приобретение информационных средств в 1998 г. было потрачено свыше 25 млрд. долларов. Такие расходы объясняются просто: информационная борьба ведется постоянно как в мирное, так и в военное время. Она ведется не только между государствами-противниками, но и между государствами-союзниками в интересах достижения своих Целей.

Жертвами планируемой и управляемой истории становятся целые страны и народы, что мы наблюдаем сегодня в мире (цветные революции, события на ближнем востоке, разрушение Советского союза, события на Украине). Именно поэтому глобальные информационные войны можно назвать эволюционными. Эти войны направлены против исламистских, православных стран и Китая. Но ресурсы Земли ограничены, число непокорённых стран уменьшается. Отсюда строится проект уменьшения численности населения до 1-2 млрд человек для захвата занимаемых ими ресурсов. Тэтчер рекомендовала оставить в России 15 млн человек. Фактически она выразила трёхсотлетнюю ненависть западного мира к России, которую не удалось покорить, не смотря на хитроумные планы западных элит.

Информационная война создает видимость мирного процесса с точки зрения устаревшего понятия о войне. Мы живем в состоянии информационной войны, а людям вбивают в головы идеологию «лишь бы избежать войны». Победа в этой войне достигается без оккупации и иностранной интервенции. А внутренние кровавые жертвы объявляются результатом внутренних конфликтов. Коварство информационной войны состоит в том, что она не воспринимается как война. Более того, она преподносится в пропаганде и воспринимается людьми как стремление избежать войны. Уступки завоевателям не воспринимаются как поражение.

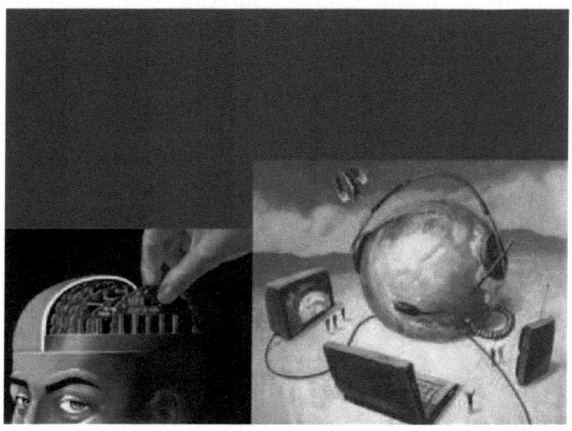

Рис. 3. Действие информационного оружия

Глобальная информационная интервенция попирает идеалы и ценности большинства народов, что отзывается в них крайне болезненно. Отверженные цивилизации, не имея ресурсов сопротивляться западной экспансии на легальном поле, становятся источником антизападного экстремизма и терроризма. Это особенно заметно в исламистских странах.

Эволюционные войны приводят к размыванию государств и столкновению цивилизаций. Малые нации расстаются с некоторыми функциями этнического государства (восточно-европейские, прибалтийские страны). Пытаясь сохранить свою государственность, крупные нации вынуждены радикально менять политику и государственное управление, что ведёт к изменению национальных ценностей, приоритетов и целей. Обостряются проблемы глобального насаждения нового мирового порядка. Очевиден духовный и творческий кризис западной цивилизации. Провоцируются конфликты, экспортируются кризисы, политически и экономически дестабилизируется весь мир, предпринимаются разнообразные силовые акции, начинаются кровавые войны. Современное технологическое развитие человечества направлена на самоистребление, ибо нагрузка на биосферу приближается к предельно допустимой. Становится очевидным, что дальнейшее существование человечества возможно при изменении направления развития цивилизации.

Как начинаются информационные войны избранной стране? Схема проста. В любой стране есть проблема. На эту тему начинается вброс нескольких противоречащих высказываний или новостей, которые не соответствуют действительности, то есть ложных. Видные политики и аналитики в течение короткого времени засыпают информационное поле заявлениями, противоречащими друг другу. И все застывают в оцепенении, пытаясь распознать, где правда, а где ложь. Людям даже не хочется об этом думать... Так происходило в СССР в 90-х годах, так произошло в Украине, Ливии, Сирии и других горячих точках. Политики называют подобные высказывания двойными стандартами. Что значит «двойные стандарты»? Значит один из них ложный. Все ли это понимают?

Еще 2500 лет назад китайский мыслитель Сун-Цзы говорил: «... лучшее из лучшего – покорить войско не сражаясь...». История войн богата примерами, когда великим полководцам удавалось побеждать без боя только с помощью морально-психологического подавления воли противника к сопротивлению. Этим приёмом пользовались Ганнибал, Цезарь, Александр Македонский, Суворов. Пропаганда и воспитание патриотизма, бесстрашия, воли к победе, к преодолению трудностей и лишений во благо Родины помогали русским побеждать врага во все времена нашей истории.

Рис. 4. Виды воздействий

Почему в настоящее время Россия проигрывает в информационной войне? Истоки ведут в средневековье, когда велась информационная и силовая борьба католицизма с православием. Католики подчиняются папе Римскому и отстаивают западные ценности. На Руси Сергий Радонежский сумел перевести христианские догматы, праздники на ведическую древнерусскую почву. Существует три типа культурных традиций: западная, северная (русская) и восточная. В западной традиции проблемы решаются в диалоге двоих. Побеждает сильнейший, или конфликт – война. В северной традиции для решения проблемы нужны три суждения (можно 5, 7, не более 9). Когда есть три суждения, ни один не побеждает, а рождается – созидается правильное решение из нескольких. В восточной традиции надо время на медитацию, что не каждому под силу.

Из истории знаем, что католики очень стремились заменить православие католической верой. Но это им не удалось. Когда на Западе появилась капиталистическая элита, она включилась в эту войну уже с целью экспансии. Нужны были ресурсы огромной Руси. Большую помощь в информационной войне им оказал патриарх Никон, который, сжигая правоверных, сумел навязать религиозные реформы, используя покровительство царя Алексея Романова. Православие осталось, но многие ведические законы Мироздания были уничтожены и постепенно забылись. Они живут в памяти хранителей, былинах, мифах. Удар по православию и русской традиции нанёс Пётр I, который стал насаждать на Руси западные ценности. Конечно, это привело к ослаблению русского духа, утрате пассионарности. Но и тут окончательной победы западная мысль не получила. Началось противостояние западников и славянофилов, которое продолжается до сих пор.

После революции 1917 г борьба переместилась из религиозной сферы в идеологическую. Западная элита стала бороться с коммунистической идеей. Им помог Хрущёв Н.С., якобы разоблачивший культ Сталина. Это снова ослабило дух русской традиции и привело к временной победе западников в 1991 году. Продажные Горбачёв и Ельцин навязали нам западную идеологию, где во главе угла стоят деньги. Традиционные отечественные ценности стали забываться, всех ориентируют на западные ценности. Деньги – это энергия. Любая энергия имеет источник и исчезает, когда он иссякает. Нам навязывают, что деньги – цель жизни, на самом деле они – инструмент, чтобы обеспечить нормальную жизнь. А зачем вам сто лопат, если вы один копаете землю? Остаточно одной-двух разной формы. Зачем нужны мешки денег? Тем более что современный доллар ничем не обеспечен. Работает печатный станок. Когда все увидят, что в мешке бумажки, ужаснутся, сколько было приложено труда, а иногда и унижений для его наполнения.

Мы видим, чтобы изменить психо – исторический поток навязанных ценностей нужно сменить правящую элиту. Это не так просто. Должно прийти осознание у многих, что пора вернуться к своим корням, ведическому мышлению, умению жить в общине. Начинать надо с понимания, как ведётся информационная война, какие методы применяются, распознавать эти технологии.

Почему ведутся войны? Потому что это самый надёжный способ решения экономических проблем, списания долгов, освобождения от обязательств и обогащения олигархов. «Мир должен перенять американскую систему… Сама американская система может выжить в Америке, лишь став системой всего мира» – сказал Гарри Трумэн в 1947 г. Глобализация – это политическая и экономическая операция западных стран, направленная на утверждение своего господства в мире. Почему ведётся война на Украине? Причин много. Одна из них та, что в западной части Украины находится вентиль от газовой трубы на Запад. А доллары пахнут нефтью.

Чем опасны информационные войны? После обычных войн рождаются здоровые, полноценные дети; общечеловеческий потенциал восстанавливается достаточно быстро. Зомбированные в информационных войнах люди не способны сформировать психически здоровое следующее поколение. По законам наследственности они могут воспитать только себе подобных. Рядом с нервозным, закомплексованным, а то и просто зомбированным родителем, как правило, вырастает такой же невротик или зомби. В итоге после информационных войн проигравшее государство не способно восстанавливаться. А эти войны часто не имеют окончания. Заметим, что и народ победившей стороны также вырождается.

Происходит расслоение создаваемого нового мира. Деление произойдет как между странами, так между людьми. Уже сегодня заметна дифференциация стран по трем уровням (группам).

Первый уровень – страны – «господа», основу функционирования которых составляют передовые информационные и управляющие технологии, имеющие транснациональное значение. Главные предметы их экспорта – знания, финансовые и информационные услуги. Эти страны и составляют единый управляющий центр мировой цивилизации. Им принадлежит доминирующее место в определении характера любых преобразований в мире, в распределении его благ. Второй уровень – страны – «рабочие лошадки» индустриального типа с относительно высокими темпами жизнедеятельности и средней интенсивностью внешних связей. Главным продуктом экспорта этих стран являются промышленные товары. Их благополучие зависит от структуры и ситуации в мире намного сильнее, чем у стран – «господ». Третий уровень – страны – «рабы», выполняющие аграрно-сырьевые функции. Они имеют наиболее контролируемые извне связи с внешним миром. Основные продукты их экспорта – национальные сырьевые ресурсы и сельхозпродукция. Эти страны полностью будут зависимы от заказов и влияния развитых стран и от ситуации на мировых рынках.

3. Действия информационного оружия

Профессор Катасонов рассказал в Литературной Газете. Он любит задавать студентам такой вопрос: «Что является главным ресурсом современной экономики?» Ответы разные: нефть, деньги, знания. И всё мимо. «Главный ресурс современной экономики, – торжественно возглашает профессор, – это дурак. Ему можно впарить всё».

Борьба в информационных войнах ведётся с применением принципиально нового оружия – информационного. Информационное оружие – средство, позволяющее передавать с обрабатываемыми, создаваемыми, уничтожаемыми и воспринимаемыми сообщениями (данными) задуманные разработчиком действия. Под информационным оружием понимается средство воздействия, результатом которого будет модификация свойств информационной системы. Информационной системой может быть любой объект, работающий с информацией: система, программа, человек, нация, человечество. Информационное оружие неизбежно приводит к изменению сознания и победителя и жертвы, к их перепрограммированию.

Информационное оружие зачастую оказывается гораздо эффективнее, чем остальные виды воздействий. Информационное оружие – это новый, страшный и пока еще не запрещенный вид оружия массового поражения. При нарастающей интенсивности и изощренности его применения у человечества нет будущего. Информационное оружие и смертоносно, и негуманно: оно разрушает душевную сущность человека, лишая его главной основы жизнеспособности. И лишь немногие будут догадываться или понимать, что происходит. Но таких людей с помощью информационного оружия ставят в беспомощное положение, превращают в посмешище, оболгут и объявят отбросами общества. По плану Даллеса вырываются духовные корни, опошляются и уничтожаются основы народной нравственности. Расшатываются таким образом поколение за поколением. Главная ставка делается на молодежь, её разлагают, развращают, растлевают. Из молодёжи делают циников, пошляков, космополитов.

Рис. 5. Информационное оружие

Информационное оружие изменяет обычное представление о международном конфликте, так как с его помощью можно обойтись без занятия территорий, не иметь дело с военнопленными, уменьшить собственные потери, передать решение боевых задач электронным и беспилотным устройствам. Информационное оружие способно создать вокруг себя некий ореол гуманности, так как формально основывается не на крови, а на электронике. Оно может быть представлено в качестве локомотива прогресса, а его финансирование можно легко замаскировать в рамках программ развития информационных технологий. Последние повышают эффективность специальной пропаганды, идеологических диверсий и подрывных акций. Разве можно сопоставить, например, радиообращение или печатную листовку с глобально распространяемой через Интернет мультимедийными материалами, да еще в интерактивном режиме?!

Иными словами, информационное оружие — это понятие, интегрирующее практически все средства воздействия на психику (сознание) на основе любой социально значимой информации.

Воздействие информационного оружия может быть силовым, политическим, экономическим, психологическим и т. д. Защитой от силовых, политических, экономических воздействий занимаются компетентные органы. Разрабатывается «умное» оружие, вырабатываются правовые, технические и управленческие решения, направленные на противодействие высокотехнологичному терроризму не только в рамках страны, но и на уровне стран СНГ. На высшем уровне управления понимают, что информационное оружие оказывает негативное влияние на управляющие структуры и даже может побуждать их принимать неправильные решения. Разрабатываются проекты для защиты русскоязычного сегмента интернета.

Почему информационное оружие приобрело такую силу? Человечество достигло максимума своей научно-технической мощи в 60-е годы XX века. После этого ничего радикального в науке и технике не произошло. Движущей силой этого развития была ракетно-ядерная гонка. Символом и апофеозом научно-технической мощи был выход человека в Космос. Престижными были профессии инженеров-физиков, математиков. Умнейшие поступали в матшколы, а потом в какой-нибудь МИФИ, МФТИ, Бауманский, МГУ. Очевидно: чтобы одна команда стала мировым чемпионом, тысячи должны начать играть в футбол в дворовой команде. Чтобы один совершил мировое открытие, тысячи должны прилично учить физику-математику, стремиться к победе в районной, городской олимпиаде. И все эти занятия должны быть модными, уважаемыми, престижными. Быть умным считалось модно. И дети в самом деле хотели всё знать.

Примерно в 60–70-е годы прошлого столетия в ведущих капиталистических странах случилось то, чего человечество, не знало с момента изгнания из рая. То, что об этом никто не трубил и не трубит, лишний раз подтверждает неоспоримое: людям навязали посредством технологии «искажение важности» отслеживать пустяки, а большое и главное – не замечать. Базовые бытовые потребности подавляющего большинства обывателей оказались удовлетворенными. Что значит базовые? Естественные и разумные потребности в достаточной и здоровой пище, в нормальной и даже не лишённой определённой красоты одежде по сезону, в достаточно просторном и гигиеничном жилье. В семьях появились автомобили, бытовая техника. В конце 60-х – начале 70-х годов достаточный житейский комфорт и обеспеченность стали доступны примерно двум третям населения развитых стран. Речь, разумеется, идёт о «золотом миллиарде» человечества. Почти 6 млрд. человек таких условий не имеют. Но не они определяют путь человечества.

Рис. 6. Поток навязывания

Иными словами, модель развития, основанная на удовлетворении нормальных потребностей на заработанные людьми деньги, исчерпала себя. У людей не было и не предвиделось ни роста наличных денег, ни роста потребностей. Бизнес мог расти только с ростом населения, которое тоже прекратило рост в развитых странах. Достоевский в «Подростке» пророчил. Наестся человек и спросит: а что же дальше? Смысл ему жизни подавай. Ответил глобальный бизнес. Капитализм не может существовать без экспансии. Глобальному бизнесу нужны новые и новые рынки сбыта. И эти рынки были найдены в душах людей. Капитализм начал уже не удовлетворять, а создавать всё новые, и новые потребности. Так, операторами сотовой связи создана потребность непрерывно болтать по телефону, фармацевтическими корпорациями – потребность постоянно глотать таблетки, производителями одежды – менять её чуть не каждый день и уж во всяком случае – каждый сезон. Можно также создавать новые опасности – и защищать от них с помощью соответствующих товаров. Защищают от всего: от перхоти, от микробов в унитазе, от лишнего веса. На первый план вышла реклама. Реклама (маркетинг) – это учение о том, как навязать ненужное. То есть как сделать так, чтобы ненужное показалось нужным и его купили. Почему маркетинга не было раньше? Да потому, что нужды в нём не было. Тогда производились нужные товары и удовлетворялись реальные потребности. А когда нужно стало выдумывать ложные потребности, тогда и понадобилась реклама.

Для того чтобы люди покупали что попало, разумные доводы «отменили». Поскольку речь идёт о навязанных и ложных потребностях – рационально обсуждать их опасно. Навязывание потребностей происходит строго на эмоциональном уровне. Реклама апеллирует к эмоциям – это более низкий пласт психики, чем разум. Ниже эмоций – только инстинкты. Сегодня реклама всё больше апеллирует прямо к желаниям. Для того чтобы процесс шёл быстрее, необходимо устранить препятствие в виде рационального сознания, привычек критического мышления и научных знаний. Включать критическое и рациональное мышление сегодня не требуется. Это не модно, не современно, не является трендом. Навязывается глобальное формирование идеального потребителя, полностью лишённого рационального сознания и научных знаний о мире. Если говорить о населении Запада, оно настолько зомбировано, что видит только то, что показывают по телевизору, и верит только тому, что говорят политики и СМИ.

Кто такой идеальный потребитель? Это абсолютно невежественный, жизнерадостный невежа, живущий элементарными эмоциями и жаждой новизны. Всегда готов потреблять что скажут. На то он и идеальный потребитель. Он не будет ныть: «А на что мне новый айфон, когда я старый-то не освоил? И вообще мне это не надо». Ему надо всё. Схватив новую игрушку, он должен немедленно бросать прежнюю. И при этом не замечать идиотизма своего поведения. И главное, он должен верить – верить всему, что ему скажут, не требуя доказательств. Люди уже не испытывают потребности в рациональном доказательстве. Главнейшую роль в этом деле играет телевидение как наиболее потребляемое СМИ. Потребление любого продукта должно тоже непрестанно радовать или, во всяком случае, не огорчать затруднительностью, непонятностью, сложностью. Всё должно быть радостно и позитивно.

Можно выделить три основных направления, по которым современная реклама наносит фундаментальный вред человеку.

Во-первых, реклама формирует у человека фрагментарно-клиповое мышление, не требующее умения сравнивать, оценивать, делать обобщения, принимать решения, регулирующие поведение изнутри, а не по внешним сигналам. Реклама не предполагает использование аналитических способностей человека, напротив, отучает от них. Она всегда направлена на безоговорочное принятие навязываемого представления об объекте. Среди других аналогов предмет рекламы – всегда «единственный, лучше всех» или вообще «единственный в своем роде», только его покупка «выгодна во всех отношениях». И только с ним возможно исполнение самых высоких желаний, например, гамбургер от Макдоналдса – «мир, полный приключений и чудес». Во-вторых, реклама формирует человека с сугубо потребительским сознанием, в котором гипертрофированы, выведены на высший уровень материальные и физиологические потребности, а духовно-нравственные ценности вытеснены на второй план как малозначимые для жизни. Рекламные ролики представляют собой репортажи из мира перевернутых человеческих ценностей. В них печенье – «хрустящее счастье»; новый сорт жевательной резинки – «безусловно, самое главное событие в жизни»; шоколадка баунти с кокосовым наполнителем – «райское наслаждение», а уж «толстый слой шоколада – вот практически все, что от жизни нам надо». В-третьих, реклама зачастую представляет собой прямую угрозу жизненному благополучию и здоровью наших граждан. Достаточно вспомнить знаменитую эпопею с рекламой финансовых «пирамид», где изготовители рекламы невольно оказались соучастниками противозаконных действий. Столь же опасна популярная нынче реклама сомнительных способностей различных целителей, ясновидящих, магов – специалистов по «магии любви и смерти», «жесткому привороту на крови» и т. п. Или стремительно нарастающая реклама сомнительных лекарств. Наиболее простой совет следующий: надо поступать с рекламой, как с товаром на рынке – могу смотреть и ничего не покупать; могу смотреть и что-то купить; могу и не смотреть, и не покупать.

Из психологии известно, что внушающее влияние может осуществляться не только в словесной форме, но также с помощью невербальных средств общения. Зачастую люди еще более эффективно, чем словами, вводят в заблуждение собеседников с помощью жеста, позы, мимики или косметики, грима, одежды и других средств перевоплощения и маскировки, создавая ложное представление о себе или действительности. Этот факт подчеркивает глубинное родство лжи со всеми методами манипуляции сознанием и поведением человека.

Рис. 7. Проблемы психофизиологической безопасности

Когда-то М. Горький писал, что есть два подхода к созданию литературы и прессы. Буржуазный подход – это стараться опустить тексты до уровня читателя, а второй подход, – поднять читателя до уровня литературы. Современные СМИ не опускаются до уровня читателя – они активно тянут этого читателя вниз. Активно распространяются книжки – картинки, но не для трёхлетних, а для взрослых. Например, издание последнего периода новейшей истории СССР и России в картинках от телеведущего Парфенова.

Примером технологии «искажение важности» является замена духовных ценностей материальными. Сегодня во главу угла ставятся деньги, материальное богатство. Нравственность, патриотизм, духовность не поощряются и даже осуждаются. Все ли знают что доллар – мировая валюта – ничем не обеспечен, с середины 70-х годов привязан к нефти, печатается не государственным банком, а частным? Фактически все гоняются за пустой бумажкой. Стоит остановить печатный станок и бумажек не станет.

Сильным методом информационной войны оказываются слухи как особая форма массового обмена недостоверной или искаженной информацией в устном виде. Слухи обычно возникают при отсутствии полной и достоверной информации по актуальной для людей в данный момент проблеме. Информация, передаваемая в форме слухов, возникает, как правило, стихийно и имеет несанкционированный, неконтролируемый и неуправляемый характер. Необходимым и достаточным условием возникновения слухов чаще всего оказывается отсутствие у людей достоверной информации при угрозе безопасности их жизнедеятельности. В этих ситуациях даже самые невероятные сообщения, передаваемые неформально, как бы по секрету, могут вызывать интерес и получить широкое распространение в виде слухов. Следовательно, главной причиной появления и распространения слухов является неудовлетворенная информационная потребность людей, своего рода «информационный голод», особенно в чрезвычайных жизненных ситуациях. Подобная ситуация наблюдается в Украине, где работают только внутренние каналы связи и отсутствует доступ к внешней информации. В таких условиях населению навязываются любые бредовые идеи. За что бороться? Вождя нет, модели будущего нет, кому верить, с кем и за что воевать?

Примером приёма «обесценивания» служит обесценивание нашего отечественного образования, нам навязывается западное. В рамках «Болонского процесса» происходит переход от фундаментального образования в пользу практико ориентированного, предметно-ориентированного. На Западе из-за большого количества мигрантов была принята программа ограничить преподаваемые знания. Фундаментальные знания им не нужны. Нужны знания практического обслуживания на уровне техникума, училища. Фундаментальные знания преподаются в школах, университетах для элиты. Идёт стандартизация образования во всём мире. Школам предлагается воспитывать социально компетентного человека только в определенной области. Общекультурное содержание фундаментального образования предлагается заменить воспроизводством конкретных практических навыков, целостные курсы обучения заменяются рядом частных предметов (модулей), дающих сугубо прикладные навыки. Внутреннюю множественность потенциальных возможностей учащегося искусственно запирают в рамках одной узкой сферы деятельности. Уже с детства людей закрепляют за рабочими местами, предполагая формирование «частичного человека» с «частичным мышлением» или «ролевого индивида», имеющего с другими людьми только функциональные отношения. Частичный человек – это человек с мнимой индивидуальностью, ибо он — не самостоятельный человек, не само реализованный, а определяемый другими. Он не достиг действительности своих общественных отношений и живет только на поверхности, не ощущает себя личностью. Он должен не жить, а действовать – всегда четко, объяснимо, без эмоций и переживаний. Такое поведение исключает возможность глубоко и искренне дружить, любить, кого-то презирать или ненавидеть. Человек неуклонно вытесняется из многоцветия подлинной жизни в робото подобное существование на искусственно выстроенной почве, где ему отводится роль стандартной единицы функционирования. Многие молодые люди возмущаемся, протестуют всеми доступными им средствами – от террористического акта до ухода в болезнь и даже самоубийства. На это направлено введение ЕГЭ – единого государственного экзамена. Учёные, исследующие влияние ЕГЭ и сокращение числа изучаемых общекультурных предметов, отмечают, что это уже на школьном уровне приводит к расслоению общества. Для тех школьников, родители которых не имеют средств нанять репетиторов, даются примитивные вопросы. Они оканчивают школу со средним баллом, но не способны к самостоятельному мышлению, к творческой работе. Воспитывается потребитель. Людей лишают будущего. Для детей, занимающихся с репетиторами, вопросы даются посложней. Из них выделяют тех, кто способен к творческой работе. Они-то и поступают в институты. Доказано, что для структурирования мозга, его развития требуется уже в школьном возрасте изучение множества разнообразных предметов из всех сфер человеческой жизни и деятельности. Тогда идёт и предметно-образное и нравственное гармоничное развитие личности. Направленность на отдельные профессии, предметы сужают структурирование мозга, приводят к однобокому его развитию. Поговорка гласит, хорошо устроенный мозг лучше хорошо наполненного. Необходимо вернуть преподавание всех предметов всем школьникам и экзамены. Выход есть. Пока не будет изменена система образования, это должны осознать, понять родители, бабушки, дедушки и самостоятельно развивать своих детей и внуков. Необходимо с малолетства приучать детей к чтению сначала отечественных народных сказок, а затем и серьёзной литературы.

Тесты, ЕГЭ – программирование системы образования на саморазрушение. Молодежь не должна получать надлежащего образования, развивать творческое начало, уметь думать. Она должна уметь угадать ответ, развивать в себе потребительские способности. Нынешнее образование (образ-ваять) не отвечает своему назначению – творить свой образ. А просвещение (корень «свет») вообще выброшено. Ведь оно освещало путь правды и кривды. Цель информационной войны – противоположная.

Обесцениваются патриотизм, геройство наших людей в Великую Отечественную войну. Да и сама наша победа ставится под сомнение. Это снижает пассионарность нашего духа, приводит к равнодушию народа по важнейшим жизненным позициям. Только чтение первоисточников, мемуаров, достоверной литературы восстанавливает правильное восприятие событий.

Невежество – это отсутствие образования, знаний. Деятельность образования – образо-ведение – создание образов. В мозгу у человека информация отражается мыслями. И мыслительный проект и есть образ. Этот образ человек отражает знаками – словами, рисунками, чертежами, которые реализуют проект на материальном носителе. Затем этот проект воплощается в предмет, который в, свою очередь, отражается информацией. Вот так и создаётся цикл: информация – мысль – знаки – предмет – информация. Цикл прогрессирует. Если смотреть на него прямо, видим спираль. Если она расширяется вверх, это прогрессивная деятельность. Если сужается вниз – регрессия. Осознанная информация превращается в знание.

Известный русский учёный Рыбников Юрий Степанович в своих трудах показал пагубность современного образования. Ложь преподаётся уже в школе. Дети заучивают неправильное понимание действий суммирования и умножения. Рассмотрим пример умножения, как оно преподаётся в школе

$$2*3=2+2+2=6$$

Слева стоит умножение, а справа – суммирование. Получается, что это два разных названия одного и того же действия. На самом деле умножение – это операция возведения в степень

$$2^3=2*2*2=8$$

Из этой лжи вытекают все остальные ложные посылы. Произошло это из-за того, что древний счёт русов – двоичный, заменили западным счётом – десятеричным. Кстати, современные компьютеры основаны на двоичном счете древних русов, так как это более естественный счет. Рыбникову удалось на основе счета древних русов уточнить таблицу Менделеева, которую тоже исказили. Создать Единую теорию поля, периодическую систему электроатомов русов, методику построения электроструктур электроатомов, соединившей физику, химию, электричество, счёт русов (математику) в единую систему Знаний.

Другой приём информационного оружия – изменение важности. Существует навязанный нам стереотип, что в середине 80-х годов в Советском Союзе был кризис, наша страна не выдерживала гонку вооружений. На самом деле, хотя США были богаче, экономика СССР была сильнее. У нас работали около 200 миллионов человек. Они кормили и вооружали не только почти 300 миллионов населения СССР, но и до 1,5 миллиарда жителей планеты дружественных нам стран. СССР все это держал на своих плечах, более-менее эффективно развивая экономику половины планеты. А вот более богатая экономика США, хоть и контролировала экономику другой половины мира, но не помогала ей, а жила за ее счет. Получается, экономика СССР была прочнее.

Если говорить о населении Запада, оно настолько зомбировано, что видит только то, что показывают по телевидению, и верит только тому, что говорят политики и СМИ. Заметим, что из 7 миллиардов людей на Земле более половины — неграмотны. Сейчас всё идёт к тому, что скоро большинство детей не будут уметь читать. У большинства есть ощущение, что они всё видят, но всё ли они осознают, что видят? Информация подается на новом языке — языке движущихся кадров. В нём нет синтаксиса. В результате создаётся только иллюзия, что ты всё видишь и знаешь, но на самом деле ты ничего не знаешь. Вот в чём проблема! Взять, к примеру, 11 сентября 2001 года. Тогда 3,5 млрд. человек по всему миру смотрели телеканал Live. Все они получили одни и те же эмоции, которые навсегда останутся с ними. Все 3,5 млрд. человек думали, что они что-то видели. Но разве они реально видели самолеты, которые таранили здания? Их показывали по телевизору, но никто их не видел. Существуют только кадры. Таким образом, произведена самая масштабная манипуляции умами людей за всю историю человечества. Миллионы людей, видевших по телевизору события 11 сентября, до сих пор верят в то, что они видели. А что это было по существу? Это был государственный переворот, созданный группой людей, которые хотели поменять курс мировой истории. Обратили внимание, что телевидение приготовилось снимать эти жуткие кадры? Они знали время теракта, выбрали подходящее место для съёмок, то есть были готовы к трансляции на весь земной шар.

Всё это же самое происходит и теперь. События на Украине непосредственно связаны с этим, это продолжение 11 сентября, Афганской, Иракской, Ливийской войны, Сирийских событий, а потом Украина. Всё это одни и те же звенья одной цепи. Это операции по изменению курса истории.

Когда происходит государственный переворот в какой-либо стране, работают все СМИ. Интернет — самое выгодное место работы для спецслужб. Только очень грамотный человек может разделить правду и неправду в интернете, тогда как количество неправды преобладает с абсолютной очевидностью. Многие видеоклипы имеют дегенеративный характер, а их смотрят дети! Дети не могут возражать. Виртуальная реальность для них единственная. Формирование мозга современного человека происходит через развлечения и рекламу — это два фундамента манипуляции человеком. Миллионы детей смотрят телевизионные программы, прерываемые рекламой, происходит их нравственное перерождение. Опять- таки обращаюсь к родителям – уменьшите время просмотра телевизора. Этим вы убережёте своих детей от деградации.

Джульетте Кьеза, итальянский журналист, рассказывает эпизод, при котором сам присутствовал. «Я был в баре, в Риме, пил кофе-капучино за два дня до падения Януковича. Если не ошибаюсь, это было 20 февраля. В баре было пять человек, которые меня знали, плюс бармен. Зная, что я занимаюсь внешней политикой, они спросили мое мнение о происходящем в Киеве. Я начал рассказывать и вдруг понял, что они удивлены тому, что я говорю. Один останавливает мою речь и говорит: «Простите, господин Кьеза, вы говорите вещи, которые противоречат всему, что мы видели! Мы знаем, что Владимир Путин оккупировал Украину». Все пятеро до этого момента думали, что Путин сам, не Россия, а сам Путин оккупировал Украину! В тот момент на меня нашло просветление — я понял, что также как эти пятеро, думают и все остальные 60 миллионов итальянцев. А всё потому, что все газеты, все телеканалы сообщали, что Россия оккупировала Украину. На этом базисе принимаются санкции и решения, подобные решению ПАСЕ, потому что все депутаты парламента ничего не знают ни об Украине, ни о Крыме. Они даже не знают, где они находятся. Все смотрят одни и те же телеканалы, поэтому все единогласно говорят, что Россия оккупировала Украину».

Особую опасность составляет скрытая, невидимая информация, приводящая к запуску программы саморазрушения или перепрограммирования как, например, 25 кадр (запрещён законом), или суггестивная информация. Суггестия – скрытое информационное воздействие на человека или на информационную самообучающуюся систему, которое не воспринимается сознанием, запечатлевается в подсознании, и включается в заданный момент времени без осознания человеком. Она работает как так называемая логическая бомба. Логическая бомба – это инструкция, находящаяся в неактивном состоянии до получения команды на выполнения определённых действий, записанных в инструкции, на искажение данных, нарушение работоспособности индивида или информационной системы.

Чтобы противостоять информационному оружию, надо знать и распознавать методы и технологии информационного оружия. Одним из методов является замена слов в языке: изменение смысла слов, убирающее из него жизнь и превращающее его в мёртвое колебание воздуха. Русское слово **разум** состоит из двух слов — РАзУМ, Ра – истина, знание. Буква «з» выполняет функцию соединения двух корней. РАзУМ – просветлённый ум. Наши предки разделяли такие понятия, как умный человек и разумный человек, ум и разум. Умным мог быть любой человек, который мог достаточно хорошо и быстро соображать, принимать решения и анализировать. А разумным называли только человека с просветлённым умом! Культура – Культ-Ура, культ истины, знания, просветленных учителей. Слово развитие образовано из двух слов РА и ВИТОК. Корень РА несёт в себе смысл просветления, а корень ВИТОК— переход на более высокий уровень понимания, просветления. Слово ЭВОЛЮЦИЯ пришло в русский язык из английского языка. EVOLUTION — эволюция означает движение от более простых форм живых организмов к более сложным. Тем самым она отражает чисто биологические процессы, происходящие в природе (горизонтальное движение).

Слово развернуть тоже имеет два корня: РАзВЕРНУТЬ, то есть —РА ВЕРНУТЬ, что означало возвращение человека в состояние просветления знанием, поднятие по спирали духовного развития вверх. Заменой русских слов на иностранные пытаются превратить живой и понятный язык в набор мёртвых по своей сути для человека понятий, которые не резонируют с человеком на уровне генетики. Живой язык, является тем ключом, который поможет большинству людей пробудить свою генетическую память. Возьмите слово стар– ик. Стар – звезда, ик- маленький. Ец, ица в словах стар-ец, стар-ица означают превосходную степень. Старуха означает – рухнувшая звезда. Другой пример: приставку БЕЗ, обозначающую отсутствие чего-нибудь, подменили словом БЕС – существительным: БЕЗ_КОРЫСТНЫЙ (человек без корыстных интересов), заменили БЕС_КОРЫСТНЫЙ (Черт корыстный). БЕЗ_СЕРДЕЧНЫЙ --- БЕС_СЕРДЕЧНЫЙ. БЕЗ_СИЛЬНЫЙ --- БЕС_СИЛЬНЫЙ и т.д. Креативными (по русски звучит как кретинный) сегодня называют многих. Но всех ли из них можно назвать творческими людьми? Творческий – созидающий, создающий новое. Креативный – пустое колебание воздуха. Слово «молитва» – молва творящая. Все ли знают имена трёх волхвов, которые пришли в Вифлеем к новорожденному Спасителю с дарами ? Академик Чудинов В.А. в Кёльнском Соборе – самом большом средневековом храме Европы – сумел прочитать имена волхвов на окнах-витражах на русском языке. Высоко под потолком изображены сами волхвы и их имена – Перун, Велес, Макошь. Создатели средневекового храма в западной Европе показали, что дохристианский триединый мир передал свою эстафету представителю нового мира Иисусу Христу на русском языке. И все это понимали.

Словом можно убить, словом можно спасти, Словом можно полки за собой повести, Словом можно продать, предать, купить, Слово можно в разящий свинец перелить.

Защита русского языка – важное условие информационной безопасности каждого русского человека и России. Общение – краеугольный камень современной цивилизации. Через него – путь к семье, друзьям, учебному и производственному коллективу, к обществу в целом. Собственно, без общения и общество невозможно. Не случайно эти понятия – одного корня. «Устрани общительность, и ты разорвешь единство человеческого рода, на котором покоится жизнь человека», – утверждал римский философ Сенека почти две тысячи лет назад. Основным, присущим только человеку, механизмом установления и поддержания связей между людьми и, следовательно, обеспечения единства человеческого рода является язык. Слово является средством передачи и усвоения общественно-исторического опыта, средством коммуникации (общения) в повседневной жизни, средством интеллектуальной деятельности человека и познания мира.

Однако язык (устный и письменный) - это не только механизм передачи информации между поколениями и современниками. Язык - специфически человеческое средство управления поведением индивида, преобразования этого поведения в нужном направлении.

Согласно современной психологии, язык, в самом общем смысле, есть система словесных знаков, служащая средством человеческого общения и мышления. В реальной жизни он выступает как бы в трех ипостасях, будучи одновременно элементом сохранения духовных ценностей, истории, защиты. Поэтому новое поколение должно формироваться в духе защиты своих ценностей от идей Запада, которые ничего демократического уже давно не имеют. Русский язык является фактором духовного единения народов многонациональной России, языком межгосударственного общения народов СНГ. Поэтому Доктрина информационной безопасности РФ к числу основных объектов обеспечения информационной безопасности России в сфере духовной жизни относит русский язык, рассматривая его как фактор духовного единения народов многонациональной России, язык межгосударственного общения народов Содружества Независимых Государств.

Известный немецкий специалист по проблемам пропаганды Иринга Фечер утверждает, что «господство посредством языка представляется последней формой порабощения человека… Оно обеспечивает такую степень господства над человеком, по сравнению с которой физическое насилие является безобидным и устаревшим». Например, человека, ведущего вооруженную борьбу, в зависимости от целей манипуляции, можно назвать либо «борцом за свободу», либо «сепаратистом», «боевиком», «террористом».

Русский язык является одним из важнейших и наиболее ярких проявлений некоего глубинного, связанного с духовностью, преимущества нашего народа. Поэтому на современном этапе информационного противостояния существуют достаточно серьезные угрозы «великому и могучему» языку, этому уникальному фактору национального самосознания и обеспечения национальной безопасности. В числе этих угроз можно назвать вытеснение русского слова фотографиями и рисунками, кадрами телевизионных и рекламных сюжетов, заменой русских слов иностранными, засорение его терминами и словесными оборотами иностранного, прежде всего западного, происхождения, широкое внедрение в русскую речь слов и оборотов жаргонного характера.

Картинки на разукрашенных страницах формируют образ и, как следствие, образное мышление начинает доминировать над вербальным (словесными). Человек невольно опускается в своем развитии на более раннюю стадию. Когда-то именно речевая (вербальная) форма мышления обеспечила выделение человека из животного мира, так как «мыслить» образами, картинками могут высокоразвитые животные. Речевая форма мышления – это главный базис становления и развития человеческого интеллекта. С ней связано формирование аналитического склада ума и способности к восприятию абстрактных понятий. С речевой формой мышления тесно связаны понимание и усвоение духовно-нравственных истин человеческой жизни.

Сегодня под влиянием упрощенных образных вариантов информационного воздействия подрастающее поколение невольно уходит от сложных и высоких возможностей психики, приобретенных на эволюционном пути развития человечества, к более простым, примитивным. Это – путь к стереотипному мышлению и ограниченному рядом неизменных стандартов сознанию. Всесильный интернет с его картинками-иконками, чрезмерное увлечение телевидением (вплоть до телемании), иллюстрированные журналы и реклама во всех ее видах неуклонно ведут к снижению интеллектуального и нравственного начала у молодежи, подавляют в ней нечто подлинно человеческое и делают ее удобным объектом для последующего зомбирования. Замена речевого мышления образным снижает аналитические возможности человека и делает его более управляемым извне, более подчиняющимся информационному манипулированию. С этой же целью происходит вытеснение с книжного рынка серьезной литературы, требующей от читателя, как писал Пушкин, «мыслей, и мыслей истинных». Нынешнему читателю навязывается малосодержательная, одноразовая книжная продукция, в которой красочная обложка дороже содержания. Многие интересные толстые книги адаптируются, излагается их содержания на 50-100 страницах. Внутренний мир граждан питается детективами, иллюстрированными журналами и, в лучшем случае, книгами, экранизация которых была представлена на телевидении. А для ребенка, привыкшего без усилий развлекаться игрой образов на экране, восприятие информации из книг и на слух становится все более сложным. Негативные последствия подобных тенденций неизбежны. Людьми, разучившимися серьезно читать и, следовательно, глубоко мыслить, потерявшими интерес к родному слову и подлинной русской литературе, легче манипулировать, но с ними труднее воплотить в жизнь достойные России национальные проекты. Люди гордятся успехами в освоении чужого языка и позволяют любое кощунство по отношению к родному. Не понимают, что речь идет не столько о приобретении дополнительного средства общения, сколько о трансформации внутреннего мира ребенка, его менталитета, характера и судьбы.

Это лишь кажется, что мы овладеваем все новыми и новыми словами. Слова, из которых складывается наша речь, тоже овладевают нами. Ибо из сочетания слов образуется не только предложение, но и мысль – мышление – мировоззрение – сознание – человек в целом. Вместе с чужими иностранными словами приходят и соответствующие мысли, и иной взгляд на жизнь, ее смысл и главные ценности в ней. Как сказал основатель Берлинского университета В. Гумбольдт, «не люди овладевают языком, а язык овладевает людьми». В выступлениях российских экономистов и политиков все чаще встречаются не свойственные русскому языку термины типа «прайс-лист», «бизнес-план», «консалтинг», «мониторинг», «кастинг» и т. п. Опасно, что этот переход на новый язык, следовательно, новый образ мышления, стал уже почти обыденным и привычным делом. Слова «наезд», «разборка», «крыша», «бабки», и тому подобные выражения уже чуть ли не ежедневно звучат из уст дикторов радио и телевидения, и даже в речах государственных деятелей. Это – уже не технические термины – американизмы, а прямое заимствование из лексикона преступного мира.

Переход к информационному обществу создал объективные предпосылки для дезорганизации психики человека, переводу ее в состояние, удобное для искусственных манипуляций. Изменились условия жизни человека. Он был вынужден ослабить свои тесные связи с природной средой и полностью окунуться в техногенное бытие, предъявляющее принципиально иные требования к функционированию психики и ее «запасам прочности». Н. А. Бердяев назвал этот переход «страшной революцией, непоправимой катастрофой в судьбе человека, катастрофой ухода от природной жизни». В итоге незнающий перерывов и остановок прогресс – в данном случае независимо от воли общества, объективно – «рушит человека», чтобы, может быть, на его месте, по законам эволюционной необходимости, могло появиться некое новое существо, отвечающее условиям и запросам космического мира.

Известно, что 90% всех научных открытий, сделанных человечеством за свою историю, пришлось на XX век. По этому показателю каждые десять лет XX века равны одному тысячелетию человеческой истории. Прежний, естественный и привычный для человека мир начал рушиться. Каждые десять лет, а потом – ежегодно в его жизнь входили автомобиль, самолет, кинофильм, транзистор, телевизор, компьютер, Интернет, «мобильник», масса бытовой техники, множество новых средств и материалов, изменяющих окружающий мир до неузнаваемости. Человек меньше созидает, меньше творит, чаще нажимает кнопки. У него – иная пища, иные методы лечения, иные средства общения с себе подобными. Да и землю, на которой живет, он видит по телевизору или из окна дачи, автомобиля.

На дворе – глобальный новый мир. А что внутри? У большинства – хаос. Многие не понимают, что происходит в мире, стране. Отсюда – стресс, дезориентированность в настоящем и неуверенность в будущем, отсутствие проверенной опытом субъективной позиции, непостоянство в оценках и поведении. Нет времени, чтобы заглянуть в собственную душу, помочь ей избавиться от давления потока информации, попытаться услышать голос собственного «Я». Сегодня у нас куда больше оснований повторить слова одного из героев Достоевского из века девятнадцатого: «Кто же теперь не в аффекте? Вы, я, все в аффекте». Безудержно меняющаяся на наших глазах действительность, за которой мы не успеваем следить, мучает и пугает нас. Ведь все наше мироощущение, все стимулы нашего поведения, в сущности, остались нам в наследство от предшествующих веков. И, чувствуя себя явно не в своей тарелке, мы робко и безуспешно пытаемся приспособиться к новым условиям, уже не способные жить в прежнем, естественном мире, но и не готовые еще к тому, чтобы полностью переключиться на новый мир. От всего этого глубоко страдает наша психика и здоровье, ослабевают способности к здравым оценкам и суждениям. Подавленные, сбитые с толку, мы никак не можем выработать правильную и последовательную линию поведения – то впадаем в панику и начинаем предпринимать какие-то меры, то участвуем в беспомощных и безадресных протестах, то замираем в покорном смирении.

Навязывание человеку столь ущербного для его внутреннего мира бытия не может оставаться без последствий. Обычно истоки бед со здоровьем и нравственностью людей ищут в социально-экономической сфере, а они – в неадекватности их душевной жизни.

По мере того как нарастает давление на психику со стороны общества и научно-технического прогресса, растет напряжение внутри ее. Пружина как бы сжимается. Где пределы такого сжатия? Развёртка этой пружины у отдельных людей и групп все чаще проявляется в экстремизме, терроризме, в поисках новой веры.

Во многом благодаря явной и скрытой рекламе растет число юных курильщиков, потребление подростками пива, активизации сексуального поведения в раннем возрасте. Дальнейшим следствием этого оказывается высокий уровень заболеваний, передающихся половым путем, рост числа ВИЧ-инфицированных, расширение масштабов токсикомании и наркомании, снижение уровня физического здоровья обучающихся. Все ли знают о влиянии пива? Это не просто наркотик. Пиво способствует выработке гормона, от которого мужчинам не хочется смотреть на женщин. Они начинают тяготеть к мужчинам – вот одна из объективных причин гейства.

Рыночно-потребительская цивилизация, навязывая миру свои представления о жизни, по сути, борется с человеком, разрушает его внутренний мир. В итоге по словам Н.А. Бердяева максимальные обороты набирает «роковой процесс внутренней порчи». Из «венца творения» он все больше превращается в агрессивное, завистливое существо, подверженное порочным наклонностям и психическим расстройствам. Стремительно множится число неврозов, депрессивных состояний, других расстройств психики, как и число неожиданных срывов у людей, вроде бы вполне нормальных в повседневной жизни.

Зависимым поведением называют глубокую рабскую зависимость от некой принуждающей силы или страсти, требующей от человека тотального повиновения. Причем это поведение выглядит как добровольное. К числу наиболее известных относятся наркомания, алкоголизм, табакокурение, лекарственная и нелекарственная токсикомания, телемания, интернет-зависимость, игромания, клептомания (безудержное мелкое воровство). Любой наркотик создаёт в мозгу программу, заставляющую его употреблять. Это хорошо знают курильщики. В определённый момент программа требует – иди кури. Человек сопротивляется – не пойду! Но программа настойчиво требует – иди кури. И человек сдаётся, идёт и курит. То есть уже не человек управляет своими действиями, а программа зависимости от курения. Все ли осознают, что они рабы табачного или иного наркотика? Свободный человек может закурить, может бросить курение. Рабу это труднее. Осознание – перестать быть рабом – может помочь человеку отказаться от наркотической зависимости.

Уже созданы технические средства, вызывающие наркотическую зависимость, разработанные на стыке парапсихологии, электроники и медицины. Они получили название психотропного оружия.

Разрабатываются технологии ослабления морального Духа нации и деморализации народа посредством создания массовой безработицы. В стране разрушена промышленность, сельское хозяйство. В настоящее время санкции западных стран показали всем нам, что без создания собственной инфраструктуры, национальной промышленности, дорог, сельского хозяйства страна останется зависимой, висящей на нефтяной игле. А «иглой» уже управляют, снижая цены на нефть.

Народы программируются на изменение традиционных ценностей. Традиция – это не инструкция. Традиция – это опыт выживания и счастливой жизни, проверенный веками и оставленный нам нашими предками. Каждый народ имеет свою судьбу. Судьба в переводе с древнего русского языка означает суд-богов. Народ, начинающий жить чужими ценностями, изменяющий своей традиции, начинает жить чужой судьбой. Сейчас наша судьба называется либеральной демократией англосаксонского образца. Её основные принципы для достижения более высокого уровня бытия: жёсткая конкуренция, мир дуален, значит побеждает сильнейший, отсюда войны. Бог любит того, кто богаче, добро и зло существует, но все считают себя добрыми. Отсюда жизненная установка на карьерный рост и материальное благосостояние. Глава государства определяется демократическими выборами, устанавливает вертикаль власти и убеждает народ через средства массовой информации. Несогласные подавляются через судебно-исполнительную систему. Просвещение и традиция подавляется. Всё большему числу стран навязываются «вечные ценности» экономическими, политическими методами и даже войной.

Как возникла демократия? Древняя Эллада, достигшая в своих философских исканиях пределов познания, подарившая миру величайших философов, обескровила себя многочисленными войнами, не смогла сопротивляться наступавшими на неё дорийскими племенами. Ведическая цивилизация Персии – тогдашний глобализатор – была побеждена новым глобализатором, насаждавшим демократию. Носителем новых идей были финикийцы, которые организовали мировую торговлю и дали миру вечные ценности, которые сегодня мы называем западными. По ведическим законам надо было жить от трудов своих со своей земли. По новым законам можно жить от прибавочной стоимости в меновой торговле. Появилась потребность в рабочей силе, появилась её цена. Появились деньги и стоимость товара. Появился ссудный капитал. Эти идеи подхватили Македония, Рим, Византия, Хазария, Венеция, Испания. Готы (в переводе с немецкого – боги) показали, что можно жить не только от трудов своих, торговли с прибавочной стоимостью, но и разбоем. С этого момента начинается великое переселение народов. Готы пришли к англам, саксам, скандинавам. Они передали им своё культурное и духовное наследие – демократические ценности. В ведической цивилизации боги звались Асами. Азия – Асия – место, где проживали боги.

Рыночные отношения, либеральная демократия изменили психологию людей, породили новые идеалы в обществе.

34

Развод не вызывает осуждения. Все ли помнят, что семья – ячейка (клеточка) общества, страны. Если в теле человека погибнет одна клетка, тело выживет, а если много? Тело болеет и может погибнуть. То же и с обществом. В семье объединяются Род мужа и Род жены, который дополняет, улучшает Род мужа. Хозяином, защитником в Роду всегда был мужчина. Женщина была хранительницей очага, семьи, детей, оберегом семьи. И не надо между ними ставить знак равенства. У них разные функции, предназначения. И соединяет их любовь, а не секс. Как раз пропаганда секса приводит к сексуальным извращениям. Сексуальные извращенцы – люди с больной психикой, их надо лечить. Их пропаганда направлена на реализацию проекта по уменьшению численности населения Земли до одного миллиарда, так как гомосексуалы не могут родить детей.

Примерами метода запутывания, введение идей в беспорядок служит разоблачение знаменитых людей, оболгание героев. Подобное лишает людей, особенно детей, ориентиров в жизни. С кого брать пример, на кого походить? Свято место пусто не бывает. Тут же появляются дегенераты Шреки и другие антигерои. Связано это с последовательной переориентацией молодежи с традиционного для России положительного героя на суперличность западного образца. В качестве примера для подражания предлагается тот, кому в ходе победного шествия к жизненной вершине, достижению силового превосходства над другими людьми муки совести и чувство сострадания только помеха. Засилье на телеэкранах и на книжных прилавках худших образцов западной массовой культуры подрывает выработанные веками наши менее опасные стереотипы поведения, ослабляет сплоченность и единство народа, навязывает нашим гражданам нормы и принципы чуждой нам морали, основанной на культе насилия, жестокости, бездуховности, эгоизма.

Показательны в этом отношении результаты проведенного в России исследования влияния детских мультфильмов на сознание юных зрителей. Оказалось, что большая часть западной продукции такого рода зомбирует детей на недоверие к окружающему миру, формирует у них враждебность, агрессивность, индивидуализм, расчетливость. Тогда как отечественные мультфильмы, наоборот, воспитывают доверие к людям, коллективизм, установку на взаимопомощь, дружественные отношения, любовь к родителям.

Поток отрицательных сообщений, огромный поток возможностей выбора – приводят к растерянности, замешательству. Человек уже психологически не в состоянии сделать правильный выбор. Лавина шокирующих фактов о высокопоставленных должностных лицах приводит к нежеланию знать правду. Многие желают, чтобы правительство огородило их от правды, желают, чтобы правительство похоронило коррупционное зловоние, в тоже время не желают раскрытия преступлений. Народ разрешает Правительству врать. Разрушение идеалов не вызывает протеста.

Примерами запутывания, введения идей в беспорядок является использование терминов, как например, открытая экономика, рост капитализации, инвестиционная привлекательность, рост ВВП и т.д. Рассмотрим на примере ВВП. ВВП – валовый внутренний продукт – макроэкономический показатель, отражающий рыночную стоимость всех конечных товаров и услуг, произведённых за год во всех отраслях экономики на территории государства для потребления, экспорта и накопления, вне зависимости от национальной принадлежности использованных факторов производства. Как можно мерять национальный внутренний продукт, произведенный для потребления вне зависимости от национальной принадлежности использованных факторов производства? Скажем, если шины и рамы производятся в Бразилии, двигатели в Китае, электроника в Малайзии, кожа для сидений в Турции, а отверточная сборка джипа происходит в России на принадлежащем западной корпорации заводе, то что получается? Выходит, что лучшие джипы делаются в России на российских предприятиях. Добавление в рыночную стоимость долга (платежей по кредиту) приводит к увеличению себестоимости, к росту инфляции. В экономической науке ВВП и валовый национальный продукт (ВНП) – разные вещи, потому что ВНП учитывает не все товары и услуги, а лишь те, к которым имели отношение резиденты страны, вне зависимости от того, в каких странах они осуществляют свою деятельность. У нас-то их как раз никогда не разделяют. Выходит, что понятие ВВП – чистой воды манипуляция. Если включить в ВВП сырье – нефть, например. Тогда ВВП стразу взлетит до небес. Вот и получается, что в Европе ВВП падает, а у нас растет.

Музыку можно рассматривать, как один из инструментов влияния на сознание человека и, следовательно, разновидностью информационного оружия. Ритм музыки – периодически повторяющиеся низкочастотные звуки – не только провоцируют у человека определённую эмоциональную реакцию, но и в состоянии навязать ему это эмоциональное состояние – депрессию. Стадом «баранов» гораздо легче управлять, и они к тому же не задают нежелательных вопросов. Звуковые волны с частотой 6-8 герц, вызывает необратимые процессы у высокоорганизованных клеток, которыми являются нейроны мозга. В результате этого возникает перегрузка мозга, нейроны разрушаются, и человек делает эволюционный шаг назад, при котором, теряется способность самостоятельно мыслить и принимать решения. В психологии подобное состояние называют «состоянием толпы», когда человек превращается в испуганное животное под воздействием природных стихий или под чьим-либо влиянием. Действия такой толпы мы видим на экранах телевидения при показе митингов, волнений молодёжи, протестах.

Широко распространён и наиболее опасный метод ловли рыбки на крючок. Сначала подкидывают достоверную информацию, которую очень легко проверить и которая оказывает сильное эмоциональное воздействие. Затем начинается передача ложной информации, которую проверить уже трудно. Человек, получивший подтверждение привычной для понимания информации, распространяет своё доверие и на ложную информацию. Следовательно, необходимо проверять всю информацию до конца. Этот метод широко используют все СМИ.

Методом «запудривания мозгов», благодаря которому происходит разрушение психики и личности жертвы, является прием «делай как все». Когда кто-нибудь не хочет начинать курить или пить, а ему говорят, что он — маменькин сыночек и «слабо» сделать что-нибудь против их мнения. К сожалению, большинство немедленно кидается доказывать, что им до лампочки мнение родителей и они сами с усами, и выпить или закурить для них не проблема. Прежде, чем делать как все, надо подумать.

Методом поощрения конфликтов, перекладывания вины на другого широко пользуются для поддержки террористов, в борьбе против неугодного правительства, что мы наблюдаем в Сирии, Ливии и других странах. Сюда же добавляются ложные обвинения. Россию обвиняют в войне против Украины, хотя ведётся она под эгидой Запада. Именно поэтому каждому важно знание методов ведения информационных войн.

Другим методом является «введение в стыд и смущение». Нас призывают каяться за грехи наших предков, которые создали Великую империю, стоявшую на равных с США. Стесняться быть советскими людьми, стесняться, что мы построили мощную индустриальную страну, победившую фашизм. Нам пытаются навязать комплекс неполноценности, ущербности, вины. Как сказал наш классик Крылов « ты виноват уж тем, что хочется мне кушать»… Нас обвиняют, что мы несправедливо владеем шестой частью суши и её богатствами. И никто не кричит, что США, имея 4% населения, производя 10% продукции, использует 40% мирового продукта Земли. Наш министр иностранных дел в своей уже знаменитой ООНовской речи сказал прямо в лоб: «Извините нашу страну за то, что она существует посреди ваших военный баз».

Растормаживается сфера влечения и желаний. Человека провоцируют жаждать низменных удовольствий. Все время рекламируют какие-то новые сорта шоколада, колбас, сыров, мебели, машин, одежды. Кроме того, происходит растормаживание сексуальной сферы, разрушение стыда — это не просто ошибка, это страшное преступление и перед детьми, и перед взрослыми. Ничего страшнее разрушения стыда вообще не существует, потому что чувство интимного стыда — это один из главных показателей психической нормы. И когда людей призывают к бесстыдному поведению как к эталону, и говорят, что нужно отбросить ложный стыд, поскольку что естественно, то не стыдно, фактически их призывают к искусственному разрушению психики, проявляемому при самых тяжелых психиатрических заболеваниях. И фактически массу нормальных людей призывают подражать поведению тяжелобольных. Если нормальный человек будет жить с отсутствием интимного стыда, это не значит, что он заболел шизофренией, но какие-то отклонения рано или поздно, явно или скрыто появятся. У части людей психическое состояние не в лучшей форме, потому что многие стараются идти в ногу со временем, быть как все, стараются подчиниться новым стереотипам, и, будучи нормальными, имитируют поведение душевнобольных. Ведь навязываемые сейчас стереотипы очень напоминают психиатрические симптомы.

С помощью технологии навязывания в стране начались попытки произвести культурный слом наших традиций. Они до сих пор не прекращаются, хотя сейчас они уже не столь агрессивны, как вначале. Подтверждается открытие швейцарского психоаналитика Карла Густава Юнга о наличии у людей так называемого коллективного бессознательного. Юнг так назвал глубинную память человека, в которой закодированы основные модели поведения, мирочувствования, мировоззрения, свойственные той или иной культуре, в которой живет человек и в которой жили его предки. Если в семье нарушаются фундаментальные нормы русской культуры, то психика ребенка от этого страдает. И напротив, когда родители возвращаются в воспитании ребенка к нашей культурной традиции, уже от одного возвращения к корням психика ребёнка может гармонизироваться.

Подлинно духовная культура заменяется культурой искусственно выращенных средствами массовой информации «звезд». Проводниками идеологии массовой культуры в молодежную среду оказываются максимально представленные на телеэкране и в радиоэфире рекламные ролики, «мыльные оперы», ток-шоу, голливудские и российские блокбастеры, вся продукция шоу-бизнеса, включая бесконечные беседы – интервью на всех телеканалах с большими и малыми «звездами». Вся жизнь – природа, наши друзья, литература, любовь – все постепенно угасает под воздействием этого маленького экрана, который становится все большим и проникает всюду. Во второй половине XX века известный американский фантаст Р. Бредбери, хорошо знающий природу и тенденции развития западной цивилизации, в романе «451 градус по Фаренгейту» показал будущее общество, в котором людям запрещено не только проявлять чувства, философствовать, иметь собственное мнение, но даже задумываться о чем-либо. Самый страшный порок в этом обществе – чтение книг. Все должны получать информацию и указания только с экрана телевизора. За чтение книг и неисполнение телевизионных указаний – смерть. Люди вроде бы имеют возможность смотреть новости, сериалы, развлекательные программы, смеяться. Но фактически они – в концлагере, за колючей проволокой современных информационных технологий.

Один из основных принципов, который пытаются сломать — это отношение к бедности и богатству. Разве когда-либо в России полагалось относиться к богатству, как к главной цели в жизни? Никогда богатство не ставили во главу угла. Никогда богатство не было критерием положительности человека. К тому же русская культура – общинная. У нас всегда люди любили вместе работать, вместе радоваться, вместе горевать. В Церкви это называется соборностью. В советское время это называлось коллективизмом. В последние десятилетия пытаются человека оторвать от других людей, пытаются внушить ему, что он должен быть сам по себе. Человек человеку волк. Когда в моду вошло выражение «это твои проблемы», оно травмировало слух. Сделано все, чтобы общинный дух ушел из нашей жизни, но он уйти не может, потому что он в генетической памяти все равно есть. Он просто находится в подавленном состоянии. От любого давления происходит какая-то обратная реакция. То есть откуда-то из-под спуда этот общинный дух, не имея возможности выйти на поверхность, подает бессознательные сигналы человеку. Из-за попыток культурного слома страдают и дети, и взрослые. Первый шаг к оздоровлению психики — осознать бессознательное недовольство, бессознательную тревогу, бессознательное чувство чужеродности. А затем каждый должен сознательно отвергнуть все чужеродное.

Традиционная русская культура очень патриотична. Люди за свою землю всегда готовы были отдать жизнь. А им, когда произошла Перестройка, стали внушать, что у них позорная рабская история, что у них ужасное настоящее, что у них нет будущего, и многие люди на уровне сознания поверили в это, потому что люди привыкли верить средствам массовой информации. Огромную роль играет то, что русская культура очень возвышенна. Она вся обращена в сферу идеального, духовного. В русской культуре не принято было придавать большое значение тому, что сегодня называется качеством жизни — что у тебя на столе, во что ты одет, какая у тебя мебель и так далее. В русской культуре было принято детей как можно раньше приобщать к сфере идеального, учить их любить не материальное, а духовное. А если материальное – вещественное, то не то, что можно было купить за деньги, а красоту божьего мира. Любовь к природе, радость от нее доступны любому человеку, вне зависимости от его достатка. Любить родину, любить друзей, вообще любить ближних, любить настоящее искусство — этому всему придавалось большое значение. Русское традиционное воспитание всегда было направленно на подавление низменного в человеке и на пробуждение и развитие верхних этажей психики (ментальных тел).

Широко применяется «пошаговая технология» - инструмент уничтожения любого культурного института. Первый шаг – провозглашение чего-то, что кажется немыслимым. Люди пожимают плечами и не реагируют. На втором шаге убеждают, что немыслимое достаточно радикально, основательно. Предложение откладывается в памяти. На третьем шаге убеждают, что немыслимое достаточно приемлемо. На четвёртом оно кажется уже разумным. На пятом шаге его делают популярным. На шестом оно становится нормой. Каждый шаг – действие кажется разумным и не даёт возможности предвидеть последствия. Примером является грабительская приватизация в нашей стране. Её «не заметили», так как согласие было куплено у поколения 90 – годов безплатной приватизацией квартир и ваучерным подарком Чубайса. Затем стали навязывать общечеловеческие ценности, которые показались многим разумными. Следующий шаг, который ещё не все осознали, налог на недвижимость. Многие ли смогут его заплатить? Это приведёт к освобождению квартир, занимаемых стариками – пенсионерами, молодыми наследниками, не вставшими на ноги, теми, кто набрался кредитов. Приватизация лишила новое поколение достижений своих предков.

Сильнейшим приёмом является замалчивание. Замалчивается истинная история, излагается искажённая. Нам внушается, что история России насчитывает 1000 лет. Где же до этого были наши предки? Сидели в болотах, висели на деревьях? А все ли видели карту Великой Тартарии, занимающей долины восточной Европы, Сибири и Дальнего Востока? Она приведена в британской энциклопедии 1771 года. В следующие переиздания британской энциклопедии эти карты уже не включены.

История Руси насчитывает десятки тысяч лет, но историческая наука об этом умалчивает. Многие не знают ничего об истории США. Никто не вспоминает о том, что белые американцы уничтожили практически все коренное краснокожее население Америки. Никто не вспоминаем ни о судах Линча в Америке, ни о «белом» и «черном» терроризме («Черные пантеры», «Ку-Клукс-Клан»). Обычное население может рассуждать только о том, что за границей лучше и дешевле магазины и дороги, что тротуары там моют шампунем, да оплакивать бездарного императора Николая 2, ввергшего Россию в совершенно не нужную для нее войну, и, обрушившего экономику собственной страны. Объясняется это тем, что обычный человек не полезет в источники и не станет отыскивать истину.

Рис.8. Карта Московии 18 века

А замалчивание закона телегонии? Тысячелетний опыт предков доказывает, что вибрации женского организма после потери девственности соответствуют частотным характеристикам вибраций первого мужчины. Поэтому все дети женщины – дети первого мужчины. От следующих мужчин «записываются, как на флешку» самые сильные вибрации. Часто это вибрации болезней, алкогольной и другой зависимости, которые передаются детям дополнительно к вибрациям биологического отца. У женщин вибрации первого мужчины хранятся всю жизнь. У мужчин вибрации первой женщины хранятся небольшой срок. Они тоже передаются следующей женщине. Потому и рождаются от здоровых родителей дети, похожие на соседа или с другим цветом кожи, больные, с аномалиями. Стереть «добрачный опыт» очень трудно. Детей своего рода вы воспитываете? Сохраняется ли ваш род? Может и поэтому так много разводов? Физическое формирование мужского организма заканчивается к 21 году. Прибавляет ли чести мужчине, повышается ли могущество его рода ранняя смена партнёрш? Будет ли достойной хранительницей рода девушка, вступающая в добрачные отношения с мужчиной? Семья – это объединение двух родов. Родители – земные представители Рода и предков, которые дали вам жизнь тысячами поколений своих жизней. Вот ответ на проект сексуальной революции, которая навязала всему миру – бесчестие, безродность, деградацию.

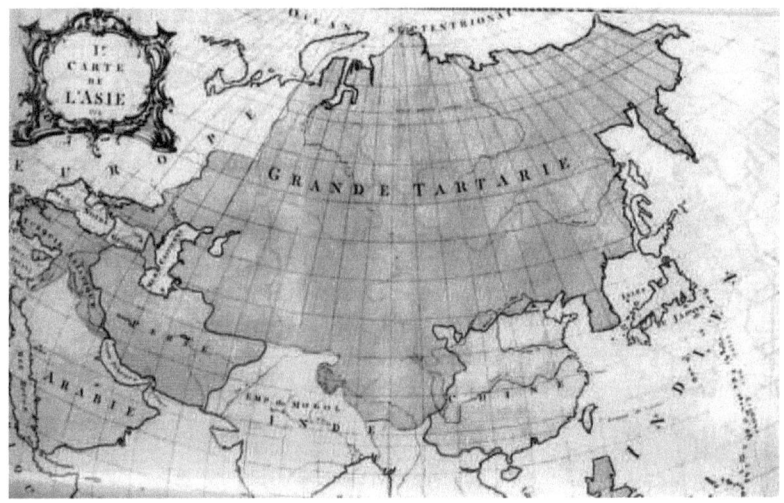

Рис. 9. Карта Великой Тартарии 18 века

В интернете распространяются аудио бомбы, заставляющие употреблять наркотики, делать другие непотребные действия. Аудио бомбы – лингвистические средства, языковые единицы, «специальная» терминология, специфические обороты речи, имеющие семантическую неоднозначность, оказывающие негативное влияние на психику человека. С экрана на нас скрытно воздействуют интонации, жесты, позы, мимика, движения рук, выражения глаз, эмоциональные переходы. Именно эти эффекты адресованы нашему подсознанию, которое, как известно, обычно побеждает сознание. И устоять против такого воздействия может только твердая воля и устремленная мысль. Однако аппаратурные излучатели (психотропное оружие) могут поставить такое воздействие, что называется, «на поток». С их помощью любую кассету с музыкой или изображением (например, телевизионным) можно сделать психотропным оружием, если записать, кроме музыки и картинки, еще и сигналы с определенной длиной волны, частотой колебаний. Противостоять можно с помощью метода самовнушения. Сегодня самовнушение, медитация являются одним из основных методов внутренней само регуляции и восстановления психического равновесия. Человек, использующий данный метод, должен сформировать индивидуальное словесное утверждение, направленное на регуляцию собственного состояния. Формулировки должны быть простыми, утвердительными, позитивно окрашенными: Мой страх (моя наивность) полностью исчезает; Я спокоен, уравновешен, способен анализировать ситуацию; Мой организм способен вырабатывать вещества, которые помогут сохранить спокойствие и увидеть ложь, нечестные помыслы мошенника и т. п. Словесные формулировки наиболее эффективны при мысленном проговаривании в ходе воздействия манипулятора. Для этого постарайтесь понять, на какой крючок вас поймали: лесть, испуг, удивление, любопытство. Часто нас ловят на опасении показаться недостаточно умным, отзывчивым, информированным и т. п. Надо уметь отреагировать на распространенное начало разговора: «Только вам, такому современному, развитому, я готов…» Почувствовав попытку овладения вашим вниманием, позвольте себе быть не идеальным и откровенно скажите собеседнику: «Боюсь, вы переоцениваете уровень моей современности (бескорыстия, таланта, доброты, привлекательности). Я вовсе не готов сделать то, о чем вы просите». Отгородившись от надуманных представлений о себе, вы обретете внутреннюю свободу и станете неуязвимы для манипуляции. Пример такой манипуляции образно показан И. Крыловым в басне «Ворона и Лисица». Лиса-плутовка использует уже имеющееся у вороны честолюбие и лишь разжигает это чувство с помощью лести: «Голубушка, как хороша! Ну что за шейка, что за глазки! …Какие перышки! Какой носок!» В ответ на лестные слова вороне надлежит выполнить безобидную просьбу – спеть. И честолюбивая ворона не устояла!

Появился одинаковый стиль речи – клево, вау, круто. Послушайте современный юмор. Когда люди каждый день смеются над тем, что ниже пояса, их как бы заражают слабоумием. А современные названиям точек общепита: «Картошечка», «Ням-ням». Ням-ням — это же лепетная речь. Так говорят дети до года. Зачем нужна такая вывеска? Чтобы взрослые люди деградировали.

А мода? Обнажение на людях называется в психиатрии эксгибиционизмом. Пока женщины заставляют себя в силу моды открывать грудь, носить юбки «до пупа», их психика в порядке. А когда это уже начинает нравиться, надо ставить вопрос — все ли у них в порядке с головой? Навязан одинаковый стиль одежды. Многие на земном шаре одели джинсы. Мир должен быть унифицирован. Женщины тоже одели джинсы, их не отличишь от мужчины. Тем самым стирается разница между женщиной и мужчиной. Это приводит к тому, что женщина может позволить себе многие мужские привычки – курить, пить, колоться, заниматься сексом. Она равна мужчине. Где уж тут разные предназначения? Надо бороться за власть, подчинять мужчин своей воле. Какая семья? – Помеха! Это тоже одна из причин массовых разводов. Люди, которые смотрят всякие непристойности, например, реалити-шоу, ведут себя как психиатрические больные, страдающими заболеванием под названием вуайеризм. Такие пациенты обычно подглядывают в замочную скважину бань, в чужие спальни, в туалет. Фактически к такому поведению сегодня толкают нормальных людей.

Самоустранение взрослых от содержимого компьютерных игр детей – духовный суицид своего рода. Игра (иго-Ра власть света) должна учить жить, общаться, готовить к взрослой жизни. Вы наблюдали как сегодня «играют» дети? Сидят несколько детей и у каждого в руках мобильный телефон, айфон, айпед. И каждый занимается своей игрой. Где общение, где движение, где следование общим правилам, где опыт коллективного сплочения, где творчество? Одно безликое механическое нажатие кнопок. Компьютерная игра «учит» роботов. Это тоже одна из целей информационного оружия. В компьютерных играх отсутствует согласие – совместный глас.

Большие города, мегаполисы – средство превращения свободных граждан в рабов. Кому выгодны большие города? Торгашам. Всё на одном месте, не надо затрачиваться на инфраструктуру. Представьте на секунду, что в большом городе отключили воду, электричество и продажу бензина. Что произойдет? Через несколько дней начнутся грабежи, насилие, вплоть до каннибализма. Мегаполисы отрывают людей от природы. Дети видят домашних животных только на картинках, не умеют с ними общаться, не познают законы природы.

Мы знаем, что раба гонят кнутом на работу, плохо кормят и в любой момент могут убить. Сегодня кнутом могут быть деньги, соблазны, страх. Если раб осознает, что его поработили, он – духовно свободный человек. Настоящий раб не подозревает, что его и его окружение поработили.

Рис.10. Компьютерные игры

Многие действия могут навязываться телевидением, радио, информационными системами и технологиями посредством определенных зрительных образов, сочетанием слов, активизирующих определенные подсознательные реакции (принцип 25 кадра). Создана наука нейролингвистическое программирование, дающая методы перепрограммирования подсознания человека. Ее можно использовать как для борьбы с негативными явлениями, так и для перепрограммирования одного человека или группы, заставляя через подсознание делать именно то, что от них хотят создатели информационного оружия.

Нейролингвистическое программирование (НЛП) основано на убеждении, что нашу психику можно уподобить компьютеру, в котором восприятие и обработка информации осуществляется по определенным, заданным, программам. Первичная информация в ней воспринимается, структурируется, осмысливается и оценивается на основе внутреннего опыта, состоящего из мыслей, убеждений, ценностей, эмоциональных переживаний, памяти. НЛП опирается на Закон Многомерности, считая, что сознание и тело – части одной управляемой системы. НЛП соединяет в единое целое первую сигнальную систему (система условно-рефлекторных связей, формирующихся в коре больших полушарий головного мозга животных и человека при воздействии конкретных раздражителей: свет, звук, боль) и вторую сигнальную систему – человеческую речь. То есть НЛП включает в себя три понятия:

• нейро – то, что происходит в мозге и центральной нервной системе;
• лингвистику – то, какими словами мы пользуемся, и как это влияет на наше восприятие внешнего мира и взаимодействие с ним;
• программирование – процесс, который позволяет самому человеку (или тому, кто его программирует) решить, как он будет мыслить, чувствовать и говорить.

Специалисты по НЛП работают с так называемыми словесными «якорями», то есть программами, которые незаметно для пациента вводятся в его мозг в виде слов, например, мусульмане – террористы, и вызывают проявление того или иного типа поведения. НЛП – это современный вариант кодирования – перекодирования психики.

Способности человеческого восприятия ограничены, и нам приходится выбирать наиболее важное, а все остальное – отсеивать. Поэтому в определенном смысле НЛП – это наука о фильтрах нашего восприятия, о том, что для конкретного человека важно, а что он отсеивает. Мы не можем видеть или слышать абсолютно все, что нас окружает, мы выбираем то, что нам кажется более важным и интересным, или то, что нам ближе и роднее. Как говорится, что ищем, то и находим. Все техники НЛП построены на реорганизации информационных процессов человека, создании новых психологических фильтров восприятия и, как следствие, изменении в нужную сторону его взаимодействия с реальным миром. Причем изменению подлежит не только поведение индивида, но и внутренние установки, оценочные критерии, весь процесс мышления и принятия жизненных решений. НЛП стремится манипулировать человеческим сознанием путем подбора кодовых фраз, слов, звукосочетаний, изображений и прочей атрибутики. Цель – пробраться к потаенным инстинктам, чувствам и желаниям ни о чем не подозревающей «жертвы» в обход разума и заставить ее совершать поступки под диктовку навязанных установок. В ходе программирования учитывается эффект, который раздельно производят на человека: слова и их смысловое содержание; голос, его интонация и тембр; поза, мимика и жесты говорящего. Мы должны быть в курсе возможностей вербального и невербального управления нашим поведением, уметь распознавать и адекватно реагировать на различные формы воздействия. Примеры воздействия на человека известны со времен Одиссея.

Внушение – другой распространенный метод манипулирования сознанием человека. Оно представляет собой преимущественно скрытое воздействие на подсознание и отчасти сознание индивида с целью изменения его общего состояния и отдельных характеристик психики – установок, ценностей, убеждений и т. п.

Внушение осуществляется с помощью слов, взглядов, жестов, образов и других средств передачи информации. В зависимости от средств воздействия выделяются вербальное – с помощью речи – и невербальное – посредством жестов, определенных форм поведения, создаваемых образов и т. п. При внушении с помощью речи главное воздействие на внушаемого чаще всего оказывает не значение слов и предложений, не логическая аргументация, а построение речи, ее форма, источник и сопутствующая ей паравербальная информация – интонация, громкость, темп, дикция, образность и т. п. Внушение неодинаково действует на разных людей в зависимости от их состояния и возраста. Поэтому оно направлено на молодёжь, людей эмоционально неустойчивых, находящихся в ослабленном, переутомленном или встревоженном, растерянном состоянии, не оформившихся в возрастном и личностном отношениях. Внушение основано на не критичности восприятия и предполагает, как правило, неспособность внушаемого сознательно контролировать поток поступающей информации. Необходимым условием внушающего воздействия является авторитетность источника информации. Защитой служит проверка любых источников информации. Недаром говорят, выслушай обе стороны для правильного принятия решения.

В современном мире возрастает роль провайдеров, так как контроль за сетевыми ресурсами сосредоточен в их руках. Деятельность провайдеров может подвергаться контролю и давлению как со стороны частных фирм и корпораций, так и органов власти тех государств, на территории которых находятся их сервера, представительства и иные активы. По этой же причине возрастает роль СМИ как промежуточного звена при движении информации от органов и структур государственной власти к гражданам. Примером влияния на общественное сознание интернет-технологий являются события на Ближнем Востоке.

Примерами информационного оружия в интернете являются «троллинг» и «блогинг». Тролли отвлекают внимание от острых тем, превращают конструктивное обсуждение в перепалку и болтовню, вбрасывают клевету, компромат, слухи. Блогинг используется спецслужбами посредством системы «френдов», которая позволяет разослать тысячам адресатов ложную информацию.

Одним из самых сильных методов информационного оружия является нагнетание страха. Страх – это кнут для раба. Все средства массовой информации нагнетают страх. Это и эпидемия гриппа, и болезнь Эбола, казни на экране, санкции, прямые угрозы и т.д. Людей наполняют страхом сообщения о финансовых кризисах, экологических катастрофах, действиях террористов, дырах в озоновом слое; об опасностях опытов по клонированию человека, приближения к Земле очередных комет, затопления земли водами таящих ледников, происках внеземных цивилизаций и местных колдунов. Многие из таких сообщений – обычные «утки» конкурирующих СМИ, но они делают свое злое дело, не давая людям отключиться от непрерывного внутреннего напряжения. В некоторые моменты из-за подобного информационного давления страх становится реальным состоянием части людей. Это отмечают службы психологической и психиатрической помощи после сообщений об очередных катастрофах в какой-либо части света. У некоторых наступает паралич воли, характерный для человека-зомби. Учитесь преодолевать страх.

Мировая унификация сообщений через средства массовой информации формирует единое мышление. А оно часто сориентировано заказчиком на поверхностную, упрощенную интерпретацию происходящего. Чтобы быть общедоступной, информация должна стать примитивной. От людей уже требуется не понимание, а механическое дублирование информации, поступившей по каналам СМИ. Непонимание сути происходящего выгодно манипуляторам. Общее недружелюбие в больших городах возрастает пропорционально плотности скопления людей – например, оно особенно выражено на вокзалах, заполненных площадях и перекрестках улиц.

Глобализация западного мира делает земную цивилизацию не только единой, но и единственной. Во время существования многих локальных культур при катастрофе в одной из них человечество имело возможность спасения с помощью другой. В условиях глобальной цивилизации все происходящее станет абсолютным и окончательным, вне ее ничего больше на Земле не будет. Это – как единственный ребенок в семье, когда он погибает, род прекращается. В данном случае – род человеческий.

Духовная деградация человека – главная проблема безопасности. Информационное общество, как никакое другое, имеет возможность формировать реальное единомыслие людей, добиваться от них нужного мировосприятия, закладывать общие стереотипы поведения, программировать необходимые желания – то есть создавать в масштабах всего мира человека-зомби, управляемого через средства коммуникации. Уже не семья и окружающая среда, не жизненный опыт поколений формируют личность, а информация, поступающая по тем или иным каналам.

Планируется переход от многих расчетных карточек к одной, содержащей всю информацию о человеке. На Западе идет разработка специальных чипов, то есть миниатюрных электронных схем, которые можно вживлять в тело и которые в перспективе призваны заменить все досье и необходимые карточки. Все это работает на усиление контроля над людьми и нивелирование их поведения. «Нивелирование европейского человека таит в себе величайшую опасность», – предупреждал столетие назад Ф. Ницше.

По свидетельству Платона, цветущая Атлантида начала свой путь к гибели после того, как один всевластный монарх подчинил себе всех остальных правителей и установил на острове жестокую деспотию. Единая сила воцарилась в древней стране. Спустя время следствием этого стали вседозволенность, развращенность, утрата духовности, общая деградация – и тех, кто находился на вершине пирамиды, и тех, кто должен был составлять ее основание. Остров погиб в пучине страстей, а затем – в морской пучине. Собственно, такова же судьба всех известных истории империй – от Римской до Советской. Это – общая закономерность.

В результате глобализация, как единение человеческого общества на основе единомыслия, ликвидации конфликтов, не позволяет человеку подготовить себя к космическому будущему. Сегодня мы имеем глобальный кризис общества. Люди разучились жить обществом, соседи не знают друг друга, общественные объединения на работе практически исчезли. Авторитет родителей, уважение к старшим уменьшается. Многие передают государству или частным компаниям заботу о близких. Эгоистические настроения растут. Появилось много одиноких стариков, брошенных детей. Родители не передают свои знания о мире детям. Знания о мире, добре, зле черпаются из интернета, средств массовой информации. Родители тратят на детей больше денег и меньше своего личного времени. В западных странах наступил демографический кризис, так как дети мешают карьере и материальному благополучию. На Земле осталось только 6% белокожих и тенденция к их вымиранию продолжается. Если учесть, что 80% всех мировых открытий выполнено белокожими, то такая тенденция настораживает. Наблюдается рост преступности нового типа, за которым не успевает закон. Вместо объединения наблюдается распад стран, народы и люди расходятся, предпочитая жить отдельно.

Сложность процедур, реализуемых в современных информационных системах и технологиях, увеличивает зависимость человека от специалистов, осуществляющих разработку, определение алгоритмов поиска требуемой информации, ее предварительной обработки, приведения к виду, удобному для восприятия, доведение до потребителя. По существу, разработчики информационных технологий, систем и сайтов во многом формируют для человека информационный фон его жизни.

4. Противодействие информационным угрозам

Глобализация неизбежна. Что можно противопоставить опасностям западной глобализации? Глобализация должна основываться на принципах ноосферного мышления, общинности, соборности, мудрости, космической идеи, культурной традиции предков. Цель – улучшение благосостояния народов та же. Но методы реализации – другие.

Управлять странами, корпорациями должны самые умные и неподкупные люди, владеющие огромным запасом знаний. Для этого наша элита должна отказаться от чуждых лозунгов, вернуться к нашей традиции, отстаивать интересы своей страны. Нужны знания основ мироздания и его законов. Для этого надо развивать всеобщее образование в детских садах, школах, высших учебных заведениях. А чтобы все были здоровы развивать физкультуру и спорт. Надо лишить деньги силы, ослабить финансовое давление, сделать политиков неподкупными. Необходимо разработать свой проект развития страны, устремлённого в будущее, создать для молодёжи образ будущего на основе нашего тысячелетнего опыта. Земная цивилизация начнет процветать.

Чтобы не проиграть в информационной войне, надо поднимать пассионарность народа, развеивать навязанные нам чуждые ценности. Примером всплеска народного духа является всеобщая радость от присоединения Крыма к России. Другим примером является сплоченность людей при борьбе с последствиями наводнения на Дальнем Востоке. Люди добровольно ехали помочь в борьбе со стихией, собирали деньги, одежду, медицинские препараты. Солдаты, местные жители, приезжие бок обок строили дамбы, укрепления. Дух был высок и стихия была побеждена. Сегодняшние санкции тоже не обескуражили наш народ. Многие перестали покупать импортную еду, одежду, доллары. Война на Украине заставила многих пересмотреть свои взгляды, организовывать помощь Новороссии. Многие отправились добровольцами защищать наших братьев и ближайших соседей. Пора нам всем понять, что мы не наследники Романовых и Киевской Руси. Мы наследники святой Руси и нам надо следовать общинному пути северных народов.

Для борьбы с информационным оружием государственными структурами разрабатываются методы и программы защиты от явных и скрытых угроз. Но главной задачей сегодня является овладение каждым человеком методами распознавания технологий навязывания лжи и обеспечение собственной безопасности. Тем самым обеспечивается безопасность семьи, общества, страны, Земли. Чтобы победить, надо знать приемы и методы навязывания лжи, применяемые в информационных войнах.

Каждый должен стать ответственным, развивать свои творческие способности, включая способность отличать правду от лжи, истину от невежества. Это тем более важно, что ареной борьбы стал Интернет.

Рис. 11. Влияние Интернета

Природа наделила человека разумом не для того, чтобы человек пользовался только тем, что дано ему от рождения, но и для того, чтобы он силой своего разума проник туда, куда никакое животное никогда не проникнет. Если человек не хочет быть управляемой марионеткой или биороботом, он должен развиваться многосторонне и многопланово, и, чем более творчески развит человек, тем у него больше шансов стать созидающим, а это не позволит ему превратиться в раба, невежу. Невежи говорят: этого не может быть потому, что этого не может быть никогда. Значит, учиться не надо, исследовать не надо, думать не надо. Невозможно защититься от того, чего не знаешь. Именно косность мышления мешает движению вперёд. В принципе, если человек готов пройти по трупам других, то у него не может быть никакой великой мечты. И если оная объявляется, то только для самообмана или успокоения собственной совести и, естественно, для обмана окружающих.

Знание «языка» оппонента позволяет не только дискутировать по тем или иным вопросам на равных, но и полностью разгромить противника по всем пунктам диспута. Чтобы отличить правду от кривды, надо видеть, что ложь не наполнена жизнью, тогда как правда — живая, так как за ней стоят реальные события и процессы, которые она отражает. Если люди начинают льстить, более тонко или более грубо, то они собираются, усыпив бдительность и расположив к себе лестью, добиться нужного.

Самая надежная защита от любых информационных агрессий – внутри человека, в его духовно-нравственной позиции. Манипулирующие технологии бессильны против внутренне богатого, творчески мыслящего и самостоятельного в своих решениях человека. Соответствующие качества следует формировать и у студентов, и у школьников, заблаговременно готовя их к предстоящему через годы участию в выборах руководителей своего региона и страны в целом.

Самая эффективная индивидуальная защита человека от любого зомбирования – в его знаниях и, главное, в его внутреннем состоянии, позволяющем дать почувствовать потенциальному манипулятору, еще до применения им технических или психотропных средств, принципиальную не подвластность своего со-

49

знания (воли, менталитета) информационному и любому другому порабощению. В конечном счете, в мире нет ничего сильнее человеческого духа.

Большинство современных психологов говорят, что противостоять любому варианту информационного зомбирования может только «само актуализирующая» личность. Человек должен обладать такими качествами, как:

- объективное восприятие реальности в отличие от виртуального;
- свобода в мыслях и поступках;
- способность противопоставить давлению техногенного бытия любовь к природе;
- чувство юмора и способность к самоиронии;
- переживание бед другими с сохранением самоконтроля;
- независимость, готовность получать удовлетворение от пребывания наедине с самим собой;
- умение организовать перемены, переходы, смену впечатлений в динамике своей жизнедеятельности;
- творчество, создающее духовное богатство человека.

Лгущего человека можно распознать. Характерные признаки неискренности говорящего:

- непроизвольное изменение интонации;
- изменение темпа речи;
- изменение тембра голоса;
- появление дрожи в голосе;
- появление пауз при ответах на вопросы, которые не должны были вызывать затруднения;
- слишком быстрые ответы на вопросы, которые должны заставить задуматься;
- появление в речи выражений, не типичных для данного человека в обычном общении, или исчезновение типичных для него слов и оборотов;
- демонстративное подчеркивание (выделение) с помощью речевых средств – интонацией, паузами и др. – каких-либо фрагментов передаваемой информации, маскирующее или искажающее истинное отношение к ней.

Глядя на лицо партнера по общению, можно заметить бегающий взгляд, неадекватную легкую улыбку, микронапряжение лицевых мышц, особые движения зрачков глаз, покраснение ушей, шеи, почесывание.

При чтении или прослушивании нужно анализировать содержание информации для выявления неискренности, лживости. Обратите внимание на наличие противоречий внутри самой информации, сравните с имеющимися объективными данными. Заметьте неопределенность, неконкретность сведений, содержащихся в информации; чрезмерную, нарочитую точность описания событий; исключительно позитивную информацию о самом себе; отсутствие малейших сомнений в трактовке событий; неуместные, неоднократные ссылки на свою порядочность и незаинтересованность; уклонение от ответа на прямые вопросы, требующие однозначных ответов и др.

Распознать ложь и открыть дорогу правде позволяют законы Мироздания. Следование этим законам обеспечивает подъем человека на более высокий эволюционный уровень развития, останавливает процесс деградации личности, инволюции человечества, обеспечивает выявление самых достойных людей для управления страной и миром. Следование законам Мироздания обеспечивает переход к новому мышлению – космическому мироощущению, новой системе познания, взаимодействию людей с космической энергией. Собственную энергетику чувствуете? Какая космическая энергия клокочет в вашем сердце – любовь, добро или зло, равнодушие? Необходимо каждому человеку научиться защищаться от любых искусственных зависимостей, найти радость в многообразии реальной жизни, а не в ее суррогатных, в том числе информационных заменителях.

Закон Действия показывает, что в любой ситуации надо действовать с добром, а не только рассуждать и осуждать. Совершайте добрые действия. Не надо бороться с окружающим миром, подчинять его себе. Творите добрые события, помогайте людям, не привлекая к этому внимания. Создавайте гармоничное пространство. Для этого надо научиться служить ему, улучшать его, не брать лишнего от него, научиться договариваться с ним. Пространством может быть семья, мир людей, планета Земля и Космос. Живя в добром пространстве, люди процветают, живя в разрушающемся пространстве, люди гибнут. Сегодня многие говорят, что наступает системный кризис общества и пространства. Менять ситуацию посредством революции нельзя. Опыт человечества показывает, что революции до добра не доводят. Значит надо учиться жить эволюционно, творить будущее пространство, создавать чёткие цели-ориентиры. В этом поможет возврат к культуре и традициям предков. Просвещение проливает свет на знания о мире и культуре предков, образование поможет создавать яркие образы и ориентиры на жизненном пути, ведущим к космическому мировоззрению. Зло нельзя победить злом, о чём свидетельствует западная традиция войн и конфликтов. Неси свет и сам стань светом – учат русские мыслители. Это и будет развитие, которое позволит преобразовать жизнь.

Почему медленно развивались народы Африки? Слишком благоприятные условия — бананов много. Человек, как велосипед, — находится в вертикальном положении, только пока едет. Когда перестает работать, созидать, шаг за шагом возвращается в состояние обезьяны. Поэтому реализоваться можно только через сложные виды труда, где человек принимает нестандартные решения. Труд не должен быть просто обеспечением потребностей пропитания и проживания. Он должен стать возможностью самораскрытия и творчества.

Действие – творение, выполняемое по законам мироздания, всегда направлено к радости, потому и называется сотворением. Оно направлено и на себя и на окружающих, потому и приносит счастье. Чтобы действие стало добрым надо научиться служению – инструменту духовного роста человека. Научить детей служению миру – первейшая обязанность родителей. Тогда человек станет служить семье, роду, обществу, стране, миру людей, природе, космосу. В служении человек духовно взрослеет, совершает свой духовный подвиг. Об этом рассказывается в известной притче.

Строится большой храм. Большое количество землекопов роют котлован для храма. Работа тяжёлая и однообразная, длится долгое время. Работники нагружают тачку грунтом и отвозят в отвал. Подходит монах и задаёт троим один и тот же вопрос: «Что ты здесь делаешь?» Первый рабочий с раздражением отвечает, что толкает эту тачку, платят мало, а дома его ждут жена и дети. Второй говорит, что зарабатывает хлеб насущный, работа тяжёлая, но платят неплохо. А третий сказал, что он строит храм людям.

Все строят храм, но не все это понимают. И только третий служит людям и не считает работу тягостной. Его сознание – это сознание человека – творца. В этом есть его служение людям, космосу, смысл жизни и счастье. Именно такие люди и создают шедевры творчества. Пока строится котлован. Но на этом месте будет возведён Храм для людей. Человек, стремящийся к величию души, чувствует счастье от осуществления собственных замыслов, направленных на служение миру, обществу.

Природа всегда добра человеку, если он сопереживает с ней происходящее. Будьте ответственным за совершаемые действия, слова и даже мысли, так как мысль материализуется. Преодолевайте страх и действуйте с добром. Появление чувства страха принимайте как свидетельство, что Учитель рядом. А Учителем является творческая мысль человека. Думайте и решение придет.

Найдите силы выйти из навязанной вам игры – без игроков игра остановится сама собой. Но как перестать играть? Нужны знания! Знание технологий лжи, правил навязываемой игры, да и ассортимент самих игр. Именно поэтому, получив знание, распространяйте его, потому что знание – сила.

Отличайте невежество от незнания. Незнание – нормальное состояние. Можно почитать, спросить, узнать. Невежество – зло, которое надо искоренять. Не зная законов Мироздания, невежество навязывает забвение прошлого страны и тем самым лишает его будущего. Изучайте историю по первоисточникам, мемуарам, древним мифам, былинам, артефактам. Внимательно присмотритесь к тем, кто порочит нашу историю. Косность мышления мешает движению вперёд. Успешный – тот, кто видит возможность там, где другие видят проблему.

Человек выделился из животного мира, стал человеком, когда стал действовать. Точнее выполнять те физические действия, без которых существование племени было бы поставлено под угрозу. Следующее его действие – изучение своих психических состояний. Жизнь заставляла учиться быстро ориентироваться, выбирать и молниеносно выполнять наилучший вариант действия. На первых порах сама жизнь учила шлифовать психические функции, вырабатывать быстроту реакции. То есть проводить внутреннюю работу. Любой психологический тренинг — это развитие творческих способностей. Без этого поведение человека становится робото подобным. Если мы хотим сохраниться как вид, нам предстоит вернуться к яркости и богатству непосредственного восприятия мира.

Навязывают кредиты? Откажитесь от кредитов, ссуд, ипотек, иных процентных займов, так как этим вы обрекаете на кабалу себя и свои семьи. Перестаньте поддерживать экономику, основанную на ростовщичестве. Помните, что переводя деньги в электронный вид, вы отдаете управление ими в руки ростовщиков. Виртуальные деньги в их руках могут испариться! Аналогом ростовщичества является игра на курсе валют. Деньги делаются из ничего! Отсюда всплеск курса доллара и евро. Бедное население не способно в массе своей приобрести своё жильё. Отлично, это повод сделать его еще беднее с помощью классического инструмента ссудного процента. Получение в банке кредита – это финансовая услуга, имеющая определенную стоимость. Кто-нибудь считал, оценивал, сколько он переплачивает банку за эту услугу? Банк не сеет, не пашет, никаких материальных или интеллектуальных благ не создает, но живёт «в шоколаде». Многие побывали в долговом рабстве. Многие до сих пор работают лишь «на покушать» и сделать приятное банку. Заметим, что ВВП – валовой внутренний продукт – прирастает изрядно за счет паразитических банковских услуг. И вот ведь какой парадокс – чем больше растет ВВП за счет доли финансовых услуг, тем меньше люди потребляют реальных материальных благ, отдавая последние копейки банкирам-кровососам.

Все ли видят, что мировой порядок, основанный на ссудном капитале, теряет базисную платформу? Магнетические финансовые связи рушатся. Паутина, которую плели столетия и тысячелетия, которая пронизала тонкий ментальный мир астральных сфер, гигантская система сити-городков во всех мировых столицах, рушится. Она ещё находится на информационном плане связей посредством информационных технологий. Однако смена системы в планетарном масштабе позволяет менять состояние инфраструктуры по мере необходимости и свободы выбора не только каждому человеку в отдельности, но целым государствам в мире. Сейчас очень важно определиться: либо надо погибнуть вместе с уходящей системой, либо продолжить свою эволюцию в системе, более соответствующей всем глобальным переменам.

В случае с Россией – это однозначный выбор направления жизни в Системе Света, своих древних традиций предков, а значит, уже сейчас надо с сознанием дела подойти к подготовке кардинальных перемен как в экономике, так и в финансовой системе государства. В настоящее время государство не владеет своим резервным банком и полностью зависит от каких-то странных частных лиц, которые завладели правом распоряжаться всей денежной массой в государственном обороте. Первым делом России надо вернуть возможность самостоятельно распоряжаться своими денежными ресурсами. Для чего это необходимо? Для того чтобы выпускать вполне обеспеченные деньги, которые помогут поднять экономику и сделают правительство самостоятельным в принятии ключевых решений, направленных на интересы своего народа. Далее надо привнести в сознание соотечественников понимание того, что деньги – это эквивалент энергии, которую нация производит в результате своей трудовой и творческой деятельности. Экономика, и все ее формы производств и перераспределений, является инструментом для производства и перераспределения энергии в самых разных ее видах. И если прежняя экономика от системы тьмы понимала, что деньги должны быть обеспечены товаром, то экономика будущего должна обеспечить денежной массой именно энергию первичного сырьевого продукта и психическую энергию человеческого творчества. Два вида этой энергии, соединяясь, дают истинный и весомый продукт цивилизации, который по закону сохранения энергии откладывается в виде культурного слоя данной цивилизации, выражаясь как в материальных ценностях, так и информационном уровне.

Информационное оружие направлено на то, чтобы под его влиянием, человек автоматически мыслил в заданном направлении, создавал нужную реальность для выполнения требуемых действий.

Навязывают прививки с мини чипами, посредством которых можно управлять людьми? Откажитесь от вживления себе и близким имплантов (чипов). С их помощью не только можно управлять людьми, но и убивать на расстоянии. Выходите из игры, навязываемой вам посредством информационного оружия. Пусть у вашего врага тысяча человек, успех будет сопутствовать вам, если выступить против них, исполнившись решимости сокрушить их всех до одного. Добиваться цели нужно даже в том случае, если вы знаете, что обречены на поражение.

Чем отличается политик от государственника? Черчилль ответил на этот вопрос. Политик постоянно думает о предстоящих выборах. Государственник – о будущих поколениях. В западной традиции действуют политики. Для них власть – способ самореализации, работа на галёрах. В русской традиции – власть – это бремя, долг перед обществом, ответственность за лад, порядок в стране. Сегодня и нам навязали западную традицию власти, потому то и живём чужой судьбой. Хотим жить своей судьбой – надо действовать в соответствии со своей традицией.

Если посмотреть на историю России, то четко видно, что у нас всегда были свои цивилизационные правила. На раннем этапе – православные, на следующем – коммунистические, построенные на одной и той же, традиционной системе ценностей. Наша интерпретация коммунизма стала традиционной в 30-е годы прошлого столетия, что стоило стране больших проблем и трудностей. Наша страна несла миру некие ценности, которые этим миром воспринимались достаточно благоприятно, что и позволяло нам на многое претендовать. Это и была, собственно, та «мягкая сила», которая позволяла России, а затем СССР быть великой державой.

Закон многомерности означает, что все материальное имеет физическое и духовные тела. У каждого человека есть память, мысли, сознание, интуиция, убеждения, вера, различные чувства, подсознание, часто радуется или болит душа – все это примеры наличия духовных тел живого. Духовно развитые люди имеют семь и более тел: физическое, эфирное, астральное и четыре интеллектуальных (терминология не устоялась). Основное число людей имеет пять и более духовных тел. Развиваясь гармонично, нравственно, духовно, можно увеличить число тел. Животное имеет четыре тела. Неживые вещества имеют два тела – физическое и эфирное тела. Следует понимать, что духовное тело тоже материально. Духовные тела называют тонкой материей, подкоркой, безсознательным. Живое и неживое состоит из одинаковых материй (энергий), но отличается разной структурой и расположением атомов в пространстве. Живое образуется структурами молекул ДНК и РНК, неживое имеет любую другую структуру. Структуру духовных тел официальная наука пока не изучает.

Мир современного человечества создан знанием, пронизан им. Но, если внимательно присмотреться, наш мир «опредмеченного знания», как говорят философы, — это настоящий айсберг. Над водой для всеобщего обозрения возвышается только та часть знания, которая вошла в хорошо разработанные теории. Под водой находится огромный массив эмпирического (опытного) знания, ещё не отлитого в стройную теорию, и — ещё ниже — знание, добытое духовным опытом, но пока не попавшее в разряд научного. В производстве работает не только каменный топор или шагающий экскаватор, но и голова человека – ментальные тела. Духовные способы познавать и изменять природу, тоже в каком-то смысле средства труда, хотя мысль в кулак не зажмёшь. Отсюда возникло рациональное познание – мудрость предков, компактное, легко запоминаемое рациональное знание. С другой стороны — познавательные духовные способности индивида, то есть психические функции: ощущения, восприятия, внимание, память и другие. Законы Многомерности и Двойственности дают понимание двух источников нашего знания – физического и энергетического (духовного). Человек по своей сути – творец. Работая с физической материей, человек создаёт материальные объекты, отдавая своему творению частичку своей души. Одновременно он получает физические знания, знания материального мира. Вкладывая добрые намерения, работая духовно, посредством интуиции, человек получает новые знания, которые сегодня не проверяются из-за несовершенства приборов, но подтверждаются позже. На самом деле без работы на духовном уровне физическая работа невозможна. Мозг и есть инструмент связывания духовных и материальных тел. Сначала возникает мысль – создать, затем идёт физическое создание материального продукта. Одновременно добрые намерения наполняют пространство любовью, радостью, добром. Именно поэтому нельзя оставлять после себя материальный мусор. Засоряется не только материальный внешний мир, но и духовное пространство любви.

Современные религии утверждают, что человек – раб Бога. На самом деле человек развивал в себе чувство преданности и любви к Богу, чтобы подавить свой страх и убрать противостояние между собой и неизведанным. Чтобы, проникнувшись чувством единения с неизведанным, включить механизмы интуитивного познания. Бог — не ошибка интеллектуальной истории, а величайшее её достижение, смело выводящее ещё слабого, но гордого духом человека на передний край познания. Вопрос о Боге не праздный. Во все времена люди его толковали по разному. Споры о Боге приводили к конфликтам, войнам. Само слово «бог» трактуется по разному. Одни расшифровывают слово «бог» – большой огонь галактики. Тогда БО – корень, в древности БА, большой агнь (большой огонь). Космический огонь мы видим в виде света, ощущаем в виде тепла. На духовном уровне свет дают души людей с высоким уровнем развития. Их так и называют – светлые, святые. Помните, в древности у князей вокруг головы был золотой ореол, их называли «ваше сиятельство»? После того, как титул стали передавать по наследству, ореола не стало, а обращение осталось. На всех иконах лики святых изображены с ореолом. Наша культура – это культ ура, где на языке древних славян ур – учитель света. То есть наша культурная традиция направлена на то, чтобы сделать человека носителем света. К этому же и призывал наш великий писатель Лев Николаевич Толстой: «не ищите Бога вне себя, ни на земле, ни в небе… Ищите Бога в себе и себя в Боге». Об этом писал и наш великий писатель, мыслитель, путешественник Николай Константинович Рерих. Кто ищет Бога вне себя, тот находит местечковых божков, создавших сотни различных сект. Следует отличать Бога и религию. Религии создавались как институты подавления воли человека – всё зависит от Бога, а от человека ничего не зависит. Культурные пласты нарастают, накапливаются и создают особые накопления на сферах планеты, которые становятся базовыми структурами для формирования накопления опыта и духовных уровней сознания человечества. Таким образом, развивается и эволюционирует как сама планета, так и все разумно-духовные формы жизни на ее поверхности и недрах.

Почему надо иметь любящую семью? По закону Многомерности всегда, особенно в трудных экстремальных обстоятельствах, можно найти даже на расстоянии поддержку любящих членов семьи.

Рис.12. Зависимость людей от Бога

Помните, как на войне? – Жди меня и я вернусь! Семья обеспечивает выживаемость Рода, человека. Поддержка любимых – это та самая телепатия, в которую современная наука не верит.

Информационное оружие направлено на уменьшение числа духовных тел, деградацию человека до животного уровня (иметь четыре духовных тела вместо семи и более) – жить в свое удовольствие, ничего не отдавая другим, думая только о себе (индивидуализм). Заметим, что даже животные во время охоты живут стаями (общиной) и подчиняются вожаку – сильнейшему, более опытному и умному, которого выбирают и заменяют, когда он ослаб.

Закон Двойственности – закон единства противоположностей – показывает, что всегда существуют крайности (палка о двух концах) – добро и зло, свет и тьма, мужчина и женщина. Полярность начал приводит к мощным энергетическим процессам, которые служат основанием созидательного творчества. Во всех религиях проявляется в существовании двух начал – духа и материи. Философское содержание отражает драму внутренней борьбы человека, материи и духа, сознательного и бессознательного. Надо понимать, что дух и материя – разные по форме состояния материи (энергий). Если разница потенциалов духа и материи в человеке сравняется, человек гибнет, наступает смерть.

Следуя закону Двойственности надо добиваться гармонии в делах, отношениях между людьми, красоте. Красота олицетворяет космические силы творчества. Красота создает культуру как форму существования духа. Красота – энергетический закон гармония духа. Именно в этом смысле, как говорит великий русский писатель Достоевский Ф.М., она спасет мир. Гармония – жить в согласии с собой, другими людьми, с Мирозданием.

Зная закон Двойственности, надо быть одновременно готовыми и к лучшему и к худшему. Истина посередине. Конфликты возникают из-за противостояния противоположных начал. В европейской культуре для решения конфликта нужен диалог. Зачастую побеждает сильнейший, отсюда – войны. В древнерусской традиции для разрешения конфликта необходимо как минимум три мнения. Почему Государственная Дума принимает законы, которые не исполняются? Для принятия правильного решения нужно три, пять, семь, девять суждений, чтобы созидалось новое правильное решение, а не голосование большинством. Решение ищите, рассматривая причину, а не следствие. Даже, если вначале не было решения, из трех мнений родится правильное решение. Конфликта не будет, так как не победит никто из троих, а выиграют все. Недаром в православии – это троица, в буддизме – срединный путь.

В удручающих ситуациях ищите хорошее, доброе, позитивное. Помните, что природа добра. В любой экстремальной ситуации, подумав, получив мысленную помощь от любящих людей, помолившись (молитва – молва творящая – канал связи с высшими духовными телами), придет решение, как выйти из создавшегося положения. Человечность проявляется в том, что вы делаете для людей, а также в том, умеете ли вы правильно оценивать свои достоинства и отдавать должное достоинствам других.

Закон Свободы выбора – означает, что у каждого есть право выбора. Можно делать добро, можно зло, можно ничего не делать. Проверяйте свои действия этим законом. Прежде чем выразить человеку свое мнение, подумайте о том, в состоянии ли он его воспринять. По законам Свободы Выбора и Двойственности к важным делам следует относиться легко. К несущественным делам следует относиться серьезно.

Разум обеспечивает умение разговаривать с людьми. В таких беседах рождается бесконечная мудрость. Нужно стремиться к тому, чтобы высказываться и выслушивать мнения других благожелательно. Общение – это жизнь. Общайтесь с любовью. Западная культура общения – дуальная, наша – триединая. Это не означает, что мы должны всем навязывать свою культуру общения. Но и запад не должен навязывать другим странам своё понимание демократии. А что мы наблюдаем в мире? Идёт навязывание «демократических свобод» бомбёжками, поддержкой террористов, устранением законных властей, установлением прозападно настроенных правителей. Наша идея космическая, поэтому в стране более 150 этносов и народов, которые разделяли общую судьбу. Почему же в 1991 году многие народы отделились от России? Одной из причин явилось нежелание разделять с Россией англо-саксонскую судьбу. Каждый народ пошёл своей дорогой по закону Свободы выбора. Культура, его ценности делают народ уникальным и сильным, обеспечивая ему иммунитет от внешнего влияния. Существуют противоречия между западной системой ценностей и российской. Причем посредством западных ценностей навязывается либеральная идеология, что фактически подрывают суверенитет России.

Внешне цель западных глобалистов и наша одна. Улучшение благосостояния народов. Но пути разные, так как разные мировоззрения. Совершенное глобальное государство западного образца обеспечивает жизнь «золотому» миллиарду. Россия не колонизировала страны, а собирала народы под своё крыло, под свою защиту. Многие народы просили включить их в состав России и раньше и сейчас. Наше мировоззрение базируется на принципах общинности, соборности и мудрости. Принцип общинности – объединение людей с общими целями и интересами. В общине каждый человек само реализуется через служение общей цели своим умением и талантами. И сам он получает от других то, что не имеет. Так что глобальная цель и наша и западников совпадает – создать всепланетную общину. Но наш путь и наша цель космические. Русский гвоздя не забьёт, если нет космической цели. Вот потому идея «золотого тельца» не может удовлетворить наш народ. Но с помощью технологий навязывания рисуют «красивую» жизнь, которая не возможна без достаточного количества денег. Отсюда у некоторых появляется стремление любой ценой раздобыть эти деньги. И здесь каждый выбирает свой путь.

Принцип соборности означает, что демократическими выборами лидера не определишь, тем более в такой большой стране как наша. Выбрать лидера – зна-

58

чит определить его внутреннюю сущность. Это можно сделать на соборе духовно близких людей. А уж затем провести собор достойных лидеров, на котором определится лидер страны. У соборных лидеров опыт, мудрость, устойчивая психика и доверие общества. В этом заключается мудрость, софийность, космическая идея, ноосферное мышление. Посредством референдума нельзя определить лидера. На референдуме работает принцип толпы, которую можно обработать методами информационного оружия с помощью СМИ, заранее подготовленным решением. Потому-то современные президенты клянутся на конституции – законе, созданном человеком, чтобы и решать материальные проблемы, а не мировоззренческие.

С законом Свободы выбора связано понятие совести. Словари не всех народов включают это слово в свой состав. В русской традиции совесть, справедливость определяют все стороны деятельности человека. Внутренние конфликты, неустроенность также решаются с их помощью. И суд вершится по совести, справедливости. В западной традиции используется судебно-исправительная система на основе законов, подзаконных актах, инструкциях и других толкователях норм поведения. Эта традиция навязана и нам. В результате мы видим, что число преступлений растёт, негодяи не перевоспитываются, общество сотрясается. То есть принцип неотвратимости наказания работает крайне не эффективно. Если вернуться к своим корням, то вопросами воспитания занимаются все общинники. Уже с детства люди знают, что стыдно, что по совести, справедливости. Наказание всегда было справедливым и решалось внутри общины. Современная система образования ориентирована на получение материальных знаний и профессиональных навыков. Она не даёт духовных ориентиров поведения.

Современные религии рабов являются основой мировой культуры. Человек – раб божий. Но стирание

одной религии невозможно без замены её другой. Поэтому народам Земли необходимо возродить истинную, до религиозную культуру – культуру знания, а не поклонение новым божкам.

Кто задумывался, что существует несколько сект у христиан, мусульман, иудеев, буддистов? Не поддавайтесь на религиозную и псевдопатриотическую агитацию. Через религии и секты нас разделяют и стравливают между собой. Проверяйте факты на собственном опыте, обращайтесь к первоисточникам. Не участвуйте и не поддерживайте войны, идеологическую и межнациональную рознь – они разжигаются специально для создания кризисов и подавления воли.

Чтобы создавать более совершенное общество, должен возникнуть новый тип человека. Ленин писал: «Мы не утописты, думающие, что дело строительства социалистической России может быть выполнено какими-то новыми людьми... Мы хотим построить социализм теми людьми, которые воспитаны капитализмом, им испорчены, развращены, но зато им и закалены в борьбе». Человек формируется практикой. Кто не творит, тот скатывается к животному состоянию. Основным информационным полем для воспитания подрастающего поколения является народная традиция. Это поле безкорыстно и чадолюбиво, так как носителями его являются родители, бабушки и дедушки. Это поле насыщено опытом старшего поколения, положительными эмоциями, любовью к детям. Разве можно его сравнить с сегодняшним образованием, насыщенным, ошеломляющим информационным полем интернета и всех других информационных систем? Образовательные системы выращивают потребителя с необходимым запасом знаний по профессии. Традиция растит человека духовного, с космическим мировоззрением.

Закон причины и следствия является частным случаем закона сохранения энергии. Что посеешь, то и пожнешь – закон кармы. Чтобы обезопасить себя от таких приемов информационного оружия как «рыбка на крючке», «запудривание мозгов», запутывание, введение идей в беспорядок, поощрение конфликтов, перекладывание вины на другого, искажение важности, обесценивания, введения в стыд и смущение, ложное обвинение, учитесь анализу причины и быстрому принятию решений. Ищите причину, исследуя не менее трёх мнений, и принимайте решение по причине, а не следствию. Знания становятся мощным средством в борьбе с информационным оружием в информационных войнах.

Любая страсть, раздражение, крик, ненависть – это выплеск душевной энергии с низкочастотными характеристиками. По закону сохранения энергии она не исчезает. Ею кормятся те, кто навязывает нам информационное оружие, Силы тьмы. И чем больше в мире страха, боли, отчаяния тем сильней они становятся. И это тоже одна из причин возникновения войн. И противостоять войнам можно, создавая повсеместно пространство любви.

Дух является причиной создания разных состояний человека, включая его настроение. В пространстве взаимодействия духа и материи находится причина циклов расцвета и упадка исторических периодов человеческой цивилизации. Они связаны с борьбой духовной и физической материи, с духовным преобразованием и самосовершенствованием человека. Все в мире развивается циклично! Выход из экономических кризисов зависит от саморазвития человеческого общества. Освободите творящий человеческий дух от порабощенности низкими физическими началами. Рабами управляют с помощью кнута – деньгами, удовольствием, страхом, соблазнами.

Закон Единства (закон Подобия) означает единство бесчисленного многообразия миров, которые объединены общими энергетическими элементами и составляют целостную систему. Так и все люди и все живое на Земле – подобны. Мы все разные – белые, черные, желтые, краснокожие, но подобные. Если любишь и уважаешь себя, то уважаешь других и другие народы. Если кто-то называет других быдлом, посмотрите внимательно на него. По закону Единства мы притягиваемся друг к другу, испытывая, любовь, радость, другие положительные чувства. Или отталкиваемся по закону Двойственности, испытывая страх, ненависть, зло. Ищите причину зла и находите срединный путь. Ведь мы едины! Христос говорил – не суди и не судим будешь. Ведь все мы подобны. Если действие закона Подобия прекращается, начинаются войны, конфликты. Информационное оружие навязывает нам закон обособления, индивидуализма. Притяжение всегда творит! Любовь, добро, справедливость притягивают светлую энергию. Зло, ненависть, агрессия, обида, отчаяние притягивают темную энергию. В настоящее время Земля вышла из поля действия космических низкочастотных энергий (Темных Сил) и вошла в пространство действия высокочастотных (Светлых) энергий, ноосферы. Светлая энергия ноосферы, приблизившись к Земле и не встретив духовно-энергетических людей, способных ее принять, может их разрушить.

Знаменитый Гермес Трисмегист выразил закон Подобия так: «что вверху, то и внизу». Если кто-то мутант и урод, то и мысли его уродливы. К сожалению, не следование законам мироздания приводит к деградации, рождаются уроды. А это путь вниз по спирали развития. Творите Добро! Осмыслить исторический земной процесс без учета взаимодействия космических ритмов просто невозможно. Великий русский учёный А.Л. Чижевский экспериментально доказал, что исторический процесс обусловлен действием космических энергий. Путь к новому обществу озарен не заревами пожаров, а искрами привлеченной космической энергии.

Закон меры свидетельствует, что во всем надо знать меру. Древнее правило: не имей лишку – поделись. Незнание этого закона позволяет перевести людей на ложную цель – потребительство. Космос бесконечен, но наша Вселенная конечна. Ресурсы Земли ограничены. Безрассудное использование ресурсов ведет к нарушению экологии. Потребительство (шопинг) ведет в пропасть. На Западе уже приходят к пониманию, что потребительство требует новых и новых ресурсов, а это зависимость от других стран, потому что своих не всегда хватает. Отсюда войны за внешние ресурсы. Родители в семье должны изжить культ потребительства. Тогда и дети не будут ему следовать. Богатство и роскошь ведут к деградации личности. У савана карманов нет. Умирая, человек не берет с собой капитал, дома, яхты. Но накопленные знания он берет с собой. Именно знание и нравственность определяют количество духовных тел человека. Когда человек начинает жить, чтобы потреблять, а не реализовывать свою сущность, это приводит к расчеловечиванию — чистое потребление свойственно только животному. А еще — к тому, что всё начинает измеряться универсальным эквивалентом — деньгами. И уничтожается осмысленность жизни.

Закон развития (эволюции) означает, что любой вид живого, если он не развивается – деградирует – уничтожается. Незнание этого закона приводит к «войне полов», феминизму, гомосексуализму. Как происходит развитие? Человек обретает совершенство и целостность в семье. Один человек – половина целого – несовершенство. Свадьба в переводе на современный русский – соединение судеб земных богов – людей. Девушка обретает женскую долю судьбы мужа после потери девственности. Дальше муж и жена идут по жизни одной судьбой. Предназначение женщины – передать мужчине свою творческую энергию. Передача происходит только, если женщина и мужчина любят друг друга. Предна-

61

значение мужчины – передать свой творческий потенциал и энергию женщины будущему ребёнку. Рождённые в любви дети умнее своих родителей, учителей, что поднимает человечество на более высокий уровень эволюционного развития. Рождённые без любви – хилые, больные ведут к деградации человечества, инволюции и как следствие – к гибели. Для счастья муж должен стать ответственным хозяином, защитником, учителем. Жена должна создавать пространство любви, традицию в доме, хранить домашний очаг. Многие ли следуют этому Закону? Всё от незнания, что семейная жизнь – понятие скорее духовное, чем материальное. Очаг: оч – очи, глаза, аг – агни – огонь. И женщина должна уметь создавать гармонию в любом пространстве. Жена отвечает за сохранение традиций в семье, муж – за её развитие. Разумное сочетание этих сил обеспечивает разумное развитие общества, подъём по эволюционной лестнице развития. В первую очередь отец отвечает за передачу культа предков детям. Передаётся родовая память семьи, слава семьи, опыт рода.

Развитие происходит по спирали. Камень, имеющий два тела (физический и эфирный), за многие тысячелетия превращается в землю и обретает смысл своего существования в служении растительному миру. Земля кормит своими соками растительный мир и тем самым обретает «смысл жизни» по сравнению с бессмысленным существованием каменной пустыни. Растительный мир – трава и деревья имеют уже три тела души – физический, эфирный, астральный и служат животному миру, что обеспечивает им смысл существования. Эти три мира мы называем миром природы. Животный мир совместно с растительным обеспечивает существование человеку – как мы считаем вершине природы. Душа животного мира состоит из четырёх тел – физического, эфирного, астрального и первого ментального тела. И только человек силой своего разума может развивать второе, третье и четвёртое ментальные тела. Второе ментальное тело – разум – выделяет человека из животного мира. Потому-то информационное оружие и направлено на уничтожение разума, на превращение человека в животное, живущего только по своим потребностям, имеющим материальную душу, не воспринимающим духовных исканий. Человек несёт «живу» в своём теле, служит всему живущему, придавая ему тем самым смысл. Это и есть триединство –Земля – Человек – Космос. И человек – связующее звено, без которого безсмысленно существование и Земли и Космоса. Повзрослев духовно, человек обретёт все творческие способности, которые сегодня мы называем паранормальными, наполнит смыслом все семь своих тел, поднимется на новый виток своего развития. Он может покинуть материальный мир – Землю, и перейти на планетарный духовный путь развития. Тем самым человек увеличит число духовных тел. А может, сохранив любовь к матери – Земле, остаться на Земном уровне и помогать живущим на ней духовно развиваться.

Общественное разделение труда тем эффективнее, чем выше специализация индивида. Отсюда — добровольный отказ от всестороннего развития. Если мы хотим сохраниться как вид, нам предстоит вернуться к яркости и богатству непосредственного восприятия мира. Тем более что современное развитие невозможно без интегрированных знаний. Всё новое находится на стыке наук. Вылечить человека можно, зная причину болезни. Болеет не один орган, а весь человек! Значит надо изучить взаимодействие всех органов человека! Найти тот орган, нарушение действий которого приводит к заболеванию. И так в любой деятельности! Не выбраться нам из кризиса, если не воспользуемся большими и малыми открытиями и изобретениями, которые довелось сделать человеку по крайней мере за последние тысячи лет! Изучение полузабытого культурного достояния будет способствовать становлению новой цивилизации. Цивилизации более экологичной и гуманной. Цивилизации, нацеленной на согласованное, совместное развитие – гармонию человечества и природы.

Путь эволюционного развития – лествица по древнему – построение гармоничного всепланетного общества. Первой ступенькой является создание счастливой семьи. Последняя ступенька приводит нас к космическому духовному развитию, раю на Земле. Если разрушить первую ступень, вся лестница рухнет. Сразу понятны технологии информационного оружия, направленные на разрушение семьи. Поэтому каждому надо понять, осознать, что наше будущее зависит от каждого из нас. Каждый должен открыть для себя и своих потомков космический путь эволюционного развития. Проникнитесь ответственностью за счастье своей семьи, и вы проложите путь своим потомкам. Человек, движущийся по лествице духа, изживает свои пороки гордыни, жадности, ненависти, злобы и другие. И укрепляет свои добродетели – любовь, доброту, великодушие, милосердие, ответственность и другие. Тем самым мужает его дух, взрослеет душа, развивается разум, увеличивается число духовных тел. Каждое новое поколение учится правде жизни на образе предков – героев. Люди, забывающие свои корни и своих героев, очарованные новыми чуждыми героями, в определённый срок просыпаются, разочаровываются в навязанных образах, и в их душе остаётся пустота хоть в петлю лезь. Это тоже цель информационного оружия, для проверки народа на вшивость перед историей и потомками. Начиная с девяностых годов прошлого века каких успехов добилась наша страна? Критикуем нашу историю, уничтожаем героические образы, разрушили экономику. Не будем ругать либеральных демократов. Они – движущая сила развития истории. Человеку свойственно обвинять в своих проблемах других. Не пора ли посмотреть в зеркало и увидеть, что это с нашего согласия кто-то плохой творит нашу жизнь. Люди, которых мы осуждаем, плохи ровно настолько, насколько плохи мы сами.

Почему многие пророчества утверждают, что путь спасения Земли, земной цивилизации находится в России? Потому что опыт русских людей показывает, что они могут совершить подвиг духа, подняться самим на новый уровень бытия и повести за собой человечество. Русские традиции накапливались веками, помнят подвиги наших предков, Славу России. За новый опыт отвечает отец, за сохранение традиции – мать. В триединстве – Земля-Человек-Космос – именно человек выступает связующим звеном между Землёй и Космосом.

Видите чудо сотворения жизни на Земле из хаоса? Это чудо создано Законами Мироздания. Пока человек будет следовать этим Законам, Свет будет побеждать тьму. Хватит разрушать материнскую планету и драться за отцовское наследство. Метод перехода на новое мышление, космическое, ноосферное прост – возврат к традиции. Традиция создаётся путём переосмысления жизненных ошибок, побед, превращения их в опыт, передаваемый детям, как инструмент познания мира и творения. Пока человечество следует законам мироздания, они действуют. Там, где они вершатся, будут зажигаться новые звёзды галактики, новые вселенные. Там всегда Свет будет побеждать Тьму, там всегда будут счастливы люди-творцы от созерцания и понимания важности и успешности своих творческих свершений, радости тех, кого они своим служением осчастливили.

Эра информационного общества, не успев развиться, уже закончилась. И хотя она дала мощный толчок развитию бизнеса, теперь начинается новая эра, эра общества воображения. Борьба переходит на Духовный уровень. Зло не может выдержать света правды. Зло надо высвечивать. Что такое Добро – Зло, Свет – Тьма? Рассмотрим эти понятия на примере живого организма. Любой живой организм состоит из множества клеток. Каждая клетка, вернее группа клеток выполняет свою функцию. Какие-то клетки наполняют организм кислородом, питанием, какие-то выводит грязь из организма. Все заняты своим делом, и если одна группа исчезнет, организм погибнет. Но часто в организме поселяется группа клеток, которая не участвует в общем деле, но активно потребляет созданное другими. Это раковые тёмные клетки по народному – паразиты. Пока светлые работающие на общее дело клетки в состоянии прокормить паразитов, организм болеет, но живёт. Когда же паразиты начинают пожирать светлые клетки, организм погибает. Гибнут все – и тёмные клетки и светлые. Но паразиты этого не понимают, у них отсутствует разум. Так и в человеческом обществе. Кризис человечества определяется соотношением светлых душ и паразитов. Задача светлых душ – во время разглядеть паразитов, остановить их размножение или уничтожить. Становится ясным, почему внедряется проект гомосексуализма. Они и так и так вымрут, но заразив здоровых нормальных людей, приведут к уменьшению численности человечества. Заметим, что в основном этот проект направлен против белокожих людей. Жёлтые, чёрные расы, мусульмане не воспринимают этот проект. Противостоять может человек разумный, нашедший свой путь служения обществу, идущий по лествице эволюционного развития.

В этом смысл человеческого бытия. Человек должен духовно расти. А если не будет паразитов, кто будет направлять человека к совершенству? Зачем светить другим людям? По Закону Двойственности паразиты существуют, чтобы человек развивался, останавливал паразитов, чтобы жизнь продолжалась на новом витке развития. Иначе – первородный хаос. Нам надо осознать роль англо-саксонской демократии. Мы должны осознать, что она заставляет нас увидеть её методы одурачивания, распознать их и найти путь для выхода на новый виток развития человечества. Каждый должен просветляться сам и просветлять других.

Рис. 13. Современные информационные технологии

Современные информационные системы и технологии изменяют не только привычный стиль жизни, они изменяют понятие о добре и зле, о справедливости и жертве и, в конце концов, изменяют самого человека как информационную самообучающуюся систему. Знание причин возникновения информационных войн, методов и технологий информационного оружия позволит разумным людям освоить законы мироздания, высветить тёмные методы, создать новые духовные методы противодействия этим силам и подняться на более высокую ступень своего духовного развития.

Литература

1. Василич В.В. Вселенский Домострой.- АНО «ЛОГОС», Екатеренбург, 2014.
2. Вернадский В.И. Научная мысль как планетное явление. – М.:Наука,1991, 301 с.
3. Грачев Г. В., Мельник И. К. Манипулирование личностью. – М.: Изд-во «Эксмо», 2003.
4. Данилевский Н.Я. Россия и Европа. – из-во С-Петербурского университета, 1995, 552 с.
5. Делягин М.Г. Мировой кризис: Общая теория глобализации. М: 2004.
6. Доктрина информационной безопасности Российской Федерации. – М., 2000 г.
7. Ермакова И.В. Воздействие на человека ГМО и способы защиты.- М.: ООО Амрита – Русь, 2011.
8. Залиханов М.Ч., Лихачёва Г.Н Информационные войны и межнациональные конфликты. – Вестник КРСУ, 2014, том 14 N 6.
9. Кара-Мурза С. Г. Манипуляция сознанием в России сегодня. – М.: Изд-во «Эксмо», 2001.

10. Концепция национальной безопасности Российской Федерации. – М.,:2000 г.
11. Левашов Н.В. Последнее обращение к человечеству. – С-Пб.: изд. Митраков, 2011- 488 с.
12. Левашов Н.В. Сущность и разум, – С-Пб.: изд. Митраков, 2011- 688 с.
13. Лихачева Г.Н. Безопасность информационных технологий. – М.: ИНФРА-М, Безопасность N6, 2012,-7с.
14. Петров С. В., Петров В. П. Русский язык как элемент культуры безопасности. // «ОБЖ. Основы безопасности жизни». 2006. № 11.
15. Расторгуев С.П. Философия информационной войны. М.: ООО «Прайм», 2003.
16. Рерих Н.К. Беспредельность, – М.:МЦР, 1922, -393с.
17. Семенова Н.А. Гликерия против телегонии. – С-Пб: изд. Диля, 2009.
18. Сидоров Г.А. Хронолого-изотерический анализ развития современной цивилизации. 4 том. – М.:Концептуал, 2012-752с.
19. Смирнов А. Информационная глобализация и Россия: вызовы и возможности. М: ИД Парад,2005.
20. Хаббард Л. Р. Дианетика. Современная наука душевного здоровья. – М.: Издательская группа Нью Эра, 1996.
21. Черешкин Д.С., Смолян Г.Л. Сетевая информационная революция // Информационные ресурсы России.1997. №4. С. 15-18.
22. Чеурин Г.С Самоспасение без снаряжения. Из-во «Русский журнал», Москва, 2000, 194 с.
23. Юревич А.А, Юревич М.А.. Динамика психологического состояния российского общества: экспертная оценка // Нравственность современного российского общества: психологический анализ / Отв. ред. А. Л. Журавлев, А. В. Юревич. – М.: Издательство «Институт психологии РАН», 2012. С. 21-41.
24. www.levashov.info.
25. www.planetatain.ru.
26. www/rybnikoff.ru/lekcii_ribnikov.
27. www.youtube.com/watch?v=o6NwkeG89mo.
28. www.youtube.com/watch?v=o6NwkeG89mo#t=16.
29. http://www.youtube.com/watch?v=1y8LiZkcrWA&list=PLwG8tTCMZV0hC-Au3yNUnOXIq_1cD_5XJ.
30. www.youtube.com/watch?v=cRS_fMJ1W30.
31. www.youtube.com/watch?v=uLAPvjdgJbs.
32. www.youtube.com/watch?v=GMWRY4W9XDM#t=31.
33. rutube.ru/tracks/288289.html.
34. rodina.ru/novosti/Viktor-Aksyuchic-Cerkovnyj-otvet-na-russkij-vopros.